Pièges à parents

PHILIPPE SCIALOM

Pièges à parents

Les séances d'un psychologue

Bien*être*

AVANT-PROPOS

Psychologue et psychanalyste depuis une vingtaine d'années, j'ai constaté un fait nouveau dans ma pratique quotidienne auprès des enfants. De plus en plus de parents viennent me consulter pour des situations « normales » qui ne présentent aucune pathologie. Pourquoi ? Ils sont tombés dans un « piège » et ne savent plus comment en sortir. Ils sont arrivés à une situation difficile avec leur enfant, qui touche leur vie quotidienne – sommeil, école, etc. – et en vient souvent à la désorganiser.

Comprendre son enfant, interpréter l'évolution de ses comportements ne va pas de soi. Les repères changent, les parents sont déroutés : le filet se tend. Interprétation erronée, problème de communication, indisponibilité : les mailles se resserrent. Certaines circonstances empêchent de prendre du recul : la situation s'envenime. L'angoisse et la souffrance s'installent, mettant en jeu, à terme, le développement de l'enfant. Ce n'est pas par manque d'attention des parents ! Au contraire, la tendance actuelle est plutôt à en faire trop – par amour –, ce qui multiplie les occasions de guets-apens. Heureusement, ces parents, qui ne demandent qu'à comprendre leur enfant, sont conscients des risques courus. D'où leurs démarches de plus en plus fréquentes auprès du psychologue.

À ce stade, la plupart du temps, la situation est devenue conflictuelle, mais trouve une issue heureuse au bout de quelques consultations. Les changements sont souvent spectaculaires. Pouvoir magique du psychothérapeute ? Il n'y a aucun enchantement. Une psychothérapie demande du temps. Voici la clé du mystère : bien qu'envahissant, le problème est rarement lié à une psychopathologie, mais à un piège. Décelé à temps, les parents retrouvent alors leur capacité de comprendre et d'agir efficacement face aux questions qui se présentent à eux. Cependant, entre le simple piège – dont on rira plus tard – et le véritable problème psychologique, la frontière reste étroite. Une simple différence de degré, d'intensité les sépare. C'est pourquoi agir tôt évite de devoir faire face à une pathologie qui, elle, nécessite le recours à une psychothérapie.

À l'aube du troisième millénaire, le devoir d'être de bons parents s'impose d'une façon nouvelle, parfois tyrannique et pleine d'écueils. L'inquiétude est le lot quotidien des parents, qui se demandent en permanence ce qui est normal ou non chez leur enfant. Il est important pour eux d'obtenir des réponses à ces questions, même à celles qui paraissent les plus simples et qu'ils n'osent pas poser à leur entourage.

L'attitude des parents, aujourd'hui plus concernée et active, m'a incité à transmettre ces expériences, à encourager cette dynamique parentale auprès du plus grand nombre. C'est une méthode préventive dont les effets sont inestimables pour l'enfant. Dans cette optique, j'ai préféré raconter des histoires vraies, recueillies lors de mes consultations, dans lesquelles chacun pourra se retrouver en partie. Seuls les prénoms et quelques détails ont été modifiés pour préserver l'anonymat de ceux qui m'ont fait confiance.

Les enfants dont il va être question ont entre 0 et 11 ans. Tout ce qui se joue en effet, de la naissance à la fin de l'école primaire, a des effets à long terme, déterminant le développement de la future personnalité. Les pièges se succèdent durant cette période : problèmes d'alimentation et de sommeil des bébés, d'apprentissage de la propreté, puis ceux liés à la scolarité jusqu'au passage en 6e, au seuil de la préadolescence. L'analyse de la situation et le point de vue psychologique sont complétés par quelques éléments théoriques pour aider les parents à mieux comprendre ce qui se joue lors de ces étapes. Les pièges, bénins au départ, peuvent présenter des risques d'évolution pathologique : ils donnent la mesure du seuil d'alarme, soit pour les éviter tant que cela reste possible, soit pour reconnaître la souffrance et y remédier. Ces tableaux successifs n'ont pas la prétention de constituer un traité de psychologie. Les cas exposés doivent servir de base de réflexion. Je n'ai pas voulu livrer des conseils généraux, inapplicables, mais faire en sorte que chacun puisse réfléchir à sa situation, comme si nous avions un entretien ensemble. Aucune solution ne peut être utile, surtout donnée « clé en main », sans travail de réflexion personnelle. Les parents dont je parle ont eu une démarche dynamique grâce à laquelle j'ai pu les aider avec efficacité. C'est dans cet esprit que je souhaite poursuivre ici ce type d'échange.

Avec le recul, j'ai constaté que ce livre suivait un fil conducteur lié aux changements rapides et profonds de notre société. Depuis quelques années, j'ai observé, avec beaucoup de mes confrères, une modification sensible des symptômes dans les consultations d'enfants. L'intimité psychique, partagée au quotidien avec mes patients de tous âges, d'inconscient à inconscient, m'amène à situer leur histoire dans une triple dimension : d'abord individuelle, mais aussi associée aux interactions familiales, enfin l'une et l'autre liées au contexte socio-historique. Ce livre pose donc la question d'une spécificité moderne des problèmes rencontrés actuellement en psychologie de l'enfant.

Que remarquons-nous ? Une psychopathologie infantile de plus en plus dominée par des symptômes d'échec scolaire et d'instabilité psychomotrice. Ces problèmes se déploient quand le psychisme est insuffisamment organisé, par manque d'appui sur les fonctions fondamentales qui le structurent (maternelle, paternelle et lien d'attachement[1]). Chez les adolescents et les adultes, ce sont les pathologies du lien et de la dépendance[2] qui prennent le relais. Ils souffrent d'une humeur dépressive, qui s'exprime à la suite de pertes, de séparations ou de ruptures. Notre siècle est celui de la dépression[3]. Dans notre société, l'impulsivité déborde de plus en plus la pensée en s'exprimant par l'augmentation des passages à l'acte violents. La raison est mise en échec quand, dans un mouvement régressif, elle se trouve dominée par le monde pulsionnel. Ces

---

1. *Cf.* p. 24.
2. Appelées pathologies « addictives » : toxicomanies, anorexie, etc.
3. Comme le met en évidence Élisabeth Roudinesco dans *Pourquoi la psychanalyse ?*, Fayard, 1999. Nous précisons qu'il ne s'agit pas seulement de dépressions réactionnelles ou névrotiques, mais de dépressions archaïques et régressives où domine une angoisse d'abandon.

constatations nous posent question à tous, parents, éducateurs, enseignants, politiciens et thérapeutes :

- L'évolution de l'enfant, depuis son état de dépendance infantile jusqu'à son autonomie, s'opère-t-elle dans un climat aujourd'hui moins rassurant ?
- Quel rôle joue le contexte social dans le surinvestissement dont l'enfant est l'objet ?
- Pourquoi les parents surprotègent-ils leurs enfants ?
- La carence des pères, souvent évoquée, est-elle réelle ou ces derniers ont-ils pris la place des mères dans le box des accusés ?

La « parentalité » devient difficile, décourageante et solitaire. Tout le monde semble d'accord sur l'existence d'un dysfonctionnement des valeurs et des repères. Les divorces, la violence et la délinquance augmentent, la cote de l'autorité baisse. La confusion entre le rôle du père et celui de la mère, entre éducation, instruction et amour, tend une multitude de pièges.

C'est pourquoi ce livre adresse un message aux parents tentés de croire que leurs difficultés sont liées à une fatalité. Il existe des solutions pour ceux qui souhaitent les trouver. Dans cette optique, psychologues et psychanalystes leur offrent un appui symbolique. Leur disponibilité psychique peut les aider – avec leurs enfants – à se réapproprier leur propre capacité à franchir les obstacles[1].

---

1. Cette conception humaniste est présente dans les œuvres de Carl Rogers ou de Donald W. Winnicott, où l'individu est considéré avoir en lui-même la capacité de se guérir et de résoudre ses conflits. Le thérapeute est là pour l'aider à retrouver ce potentiel. Très proche, le concept de « résilience » a été développé depuis quelques années par Boris Cyrulnik (*cf. La Résilience : le réalisme de l'espérance*, Érès, 2001).

I

PIÈGES AU MENU

L'alimentation des petits

LOUISE

Nourriture affective, sevrage, opposition, anorexie, stade oral, attachement, fonction maternelle.

La première fois, les parents de Louise sont venus me voir seuls. Louise a 11 mois et ils sont catastrophés : « Elle refuse toute nourriture. » Son père est très inquiet : « Ma sœur a été anorexique à l'âge de 16 ans. Nous avons eu peur de la perdre et elle a dû être hospitalisée. Elle en porte encore des séquelles physiques et n'a aucune stabilité dans sa vie affective. » La mère poursuit : « Mon mari me reproche d'être à l'origine des difficultés de Louise parce que je m'énerve vite, mais lui aussi a perdu patience. L'atmosphère familiale s'est dégradée. J'en suis arrivée à redouter le moment des repas. »

Louise ferme la bouche, détourne la tête à l'arrivée de la cuillère et, si on la laisse manger seule, elle jette son assiette par terre. Elle repousse tout ce qu'elle aimait auparavant, recrache ou vomit. Les repas sont devenus un véritable cauchemar. La maman est souvent en pleurs le soir. Le couple a tout essayé : fermeté, douceur, indifférence. En vain. Aujourd'hui, les parents se radicalisent dans une position de reproches mutuels. La mère se sent incomprise et maladroite avec sa fille, persuadée de lui faire du mal. Culpabilité et sentiment d'impuissance alourdissent le climat familial.

La pédiatre de Louise a été consultée à plusieurs reprises. Son verdict : aucun problème de santé. Son conseil : me rencontrer. Pas rassurés pour autant, les parents sont d'abord allés à l'hôpital, craignant une maladie passée inaperçue. En désespoir de cause, ils ont fini par prendre ce premier rendez-vous.

Ce sont des parents déprimés et angoissés qui m'ont raconté leur histoire. Louise est née un mois et demi avant terme et a donc été nourrie par l'intermédiaire d'une sonde gastrique le temps que le réflexe de déglutition apparaisse. Ce souvenir, et celui de la séparation imposée et précoce entre Louise et sa maman, sont évoqués avec des larmes. Le mari, prenant la main de sa femme, parle à son tour de la naissance de Louise. L'adaptation mutuelle s'est bien faite. Louise a grandi sans encombre et se tenait bien assise à 6 mois. Elle va bientôt marcher et ses premiers mots suscitent l'admiration. C'est une petite fille qui communique beaucoup. Depuis sa première hospitalisation, elle n'était pas des plus faciles à nourrir. Cela s'est nettement accentué il y a trois mois, après une forte gastro-entérite qui a nécessité une nouvelle hospitalisation de quarante-huit heures. Les repas durent aujourd'hui des heures et seuls les biberons ne sont jamais refusés. La tension atteint alors son paroxysme et les conflits se multiplient. Ce sont de véritables crises de colère, de pleurs et de cris qui terminent ces repas de « rien ».

Analyse de la situation

Voici les questions posées par les parents de Louise : D'où vient son refus ? Est-elle en danger ? Deviendra-t-elle anorexique ? La relation entre Louise et sa maman est-elle pathologique ? Que se passe-t-il entre les parents ? Comment sortir de cette situation tendue ?

La première urgence est d'apaiser la crise qui est, en fait, le résultat, la combinaison de plusieurs pièges successifs.

> **L'IMPORTANCE DU PREMIER ENTRETIEN**
>
> Un premier entretien psychologique doit soulager et être rapidement suivi d'effets concrets si le premier piège est bien débusqué. Ce résultat n'est pas suffisant. Un second temps d'approfondissement garantira plus sûrement l'efficacité et la durabilité thérapeutiques.

Le premier piège de l'alimentation : qui s'oppose ?

Ce n'est pas Louise qui s'oppose à sa mère, mais le contraire ! Pourquoi contredire un refus avant de s'interroger sur sa signification ? Il s'agit forcément de quelque chose d'important pour l'enfant. L'erreur consiste à croire que Louise agit contre sa maman. L'origine de cette erreur, si commune, est une fausse interprétation parentale qui nécessitera d'être analysée. Louise n'est pas du tout habitée par l'idée d'ennuyer ses parents. Comme nous le verrons, elle affirme plutôt son existence. Elle a raison d'insister tant qu'elle n'est pas comprise.

Deuxième piège : confondre régression normale et opposition

Obnubilés par la nécessité de « bien » nourrir leur fille, les parents de Louise ne voient pas l'évidence. Ils sont déroutés par une simple régression. Louise a réagi à une gastro-entérite en n'acceptant plus de manger « comme une grande ». Elle refuse la cuillère et les petits morceaux ; quant aux yaourts, ils servent surtout à tacher ses vêtements et ceux de sa mère. Heureusement, en désespoir de cause, cela finit par un biberon de lait bien accueilli qui la calme dans l'instant. Au lieu de se prêter quelque temps à cette petite régression, les parents se sont rigidifiés dans une attitude qui ne pouvait qu'aggraver le problème et leur anxiété. Certes, depuis sa naissance, l'alimentation est un terrain sensible pour cette mère et sa fille. Pourtant, Louise ne perd pas de poids, n'est ni affamée ni en danger.

PROBLÈME OU SIMPLE RÉGRESSION ?

De nombreux petits problèmes sont, comme c'est le cas pour Louise, de simples régressions. Celles-ci précèdent souvent les stades de progrès (motricité, apprentissages...) et accompagnent de petites étapes difficiles : maladies, naissance d'un frère ou d'une sœur, séparations...

Pour Louise, tout se passe comme si la naissance du langage et l'évolution de l'alimentation étaient en concurrence. Louise doit donc désinvestir momentanément la fonction alimentaire de sa bouche pour y laisser s'épanouir ses nouvelles découvertes langagières et les mots qui en sortent.

Beaucoup d'enfants perdent l'appétit, surtout face à des aliments nouveaux, mais aussi à certains moments particuliers, comme les poussées dentaires ou les gênes physiques passagères. Les premiers mots de Louise, à eux seuls, auraient pu provoquer cette régression. En effet, un enfant ne peut pas tout investir en même temps. Son développement n'est jamais linéaire.

Ses parents ne l'ont pas perçu ainsi. Ils ont pensé qu'il s'agissait d'une opposition et se sont sentis mis en cause. Plus la mère de Louise faisait preuve d'inventivité en matière de gastronomie, plus Louise s'opposait. Le sentiment d'impuissance à satisfaire sa fille l'envahissait alors.

Pour les sortir de ce piège, quelques questions un peu provocatrices, mais de simple bon sens, ont amené un début de réponse dans le rire : « Allez-vous dîner dans un "trois-étoiles Michelin" le jour où vous avez une gastro-entérite ou des nausées ? Êtes-vous en opposition avec les autres quand vous ne pouvez avaler qu'une soupe ou une tisane ? Faites-vous un repas pantagruélique en sortant de chez le dentiste, la bouche endolorie ? Pourquoi Louise devrait-elle le faire, à 11 mois, alors qu'un biberon "passe" si bien, que c'est bon et rassurant ? Votre fille a raison de s'entêter. Elle veut que vous la réconfortiez. Vous pensiez qu'elle ne voulait pas grandir pour vous contrarier ! »

L'histoire de Louise est courante. Elle illustre l'importance d'une étape du développement décrite depuis Freud par les psychologues : le stade oral, qui dure jusqu'à 12 mois environ.

En effet, l'alimentation ne se limite pas uniquement à son aspect fonctionnel.

Le point de vue psychologique

Si la nourriture calorique est nécessaire à la croissance du jeune enfant, la nourriture affective s'avère l'être tout autant, si ce n'est plus. Pour un nourrisson, les repas représentent presque tout son temps d'éveil, du moins au début. C'est pendant ces moments privilégiés que s'établit un échange complexe entre le bébé et sa maman qui signifie davantage pour l'enfant que le seul fait de s'alimenter.

> **QUE SIGNIFIE NOURRIR SON BÉBÉ ?**
>
> Ce que ressent le nourrisson est appelé processus d'oralité par les psychologues. Lorsqu'un bébé a faim, il est soumis à une pulsion. Elle provoque une tension pouvant aller jusqu'à la souffrance. Freud a nommé cette force la « pulsion orale ». Elle correspond à la région du corps où se situe l'excitation du nourrisson. Dirigée vers le sein maternel ou le biberon, cette pulsion tend vers un seul but, l'apaisement. Pour le nourrisson, il existe donc une équivalence symbolique entre la nourriture et la mère, qui passe par la bouche et réconforte. Ce qu'il avale n'est pas seulement de la nourriture, mais c'est aussi sa mère ! Celle-ci devient de la sorte une présence extérieure et intérieure pour le bébé, liée à toute une myriade de sensations, une odeur, une voix, une couleur de cheveux, un contact peau à peau ou la manière d'être porté.

Pour les petits, la partie bucco-pharyngée a une importance primordiale. Cette zone est hypersensible et très investie. Pour Louise, la sonde gastrique a été une première expérience nécessaire mais aussi une intruse dans la relation de maternage. Cet acte médical a imposé une période de passivité alimentaire à Louise et à sa maman. Elles ont surtout souffert de l'absence d'une relation intime et constructive. La gastro-entérite a constitué un deuxième épisode brutal. Louise a réagi avec une grande vitalité en cherchant à retrouver la douceur dont l'enveloppait sa maman en lui donnant le biberon à sa sortie du service des prématurés. Il s'agissait bien d'un besoin et d'une demande exprimés vis-à-vis de sa mère et non d'un rejet, comme celle-ci le croyait. Le choc de cette gastro-entérite a réactivé l'anxiété des débuts de l'alimentation pour l'enfant et, surtout, pour sa maman. Une régression est aussi l'occasion bénéfique de partager et de vivre les affects de ce vécu, si corporel entre une mère et son bébé, qui a pu leur manquer du fait de la médicalisation postnatale. Ce déficit momentané appelait à être rattrapé. Louise était loin d'être anorexique. Elle avait faim. Elle demandait à être « bien » nourrie. Ce besoin de réconfort s'appuyait sur les solides liens d'attachement que Louise avait su établir auparavant avec sa mère, malgré des débuts difficiles.

Pour plusieurs raisons, celle-ci était en quelque sorte inhibée et n'était plus sûre d'elle. De ce fait, elle ne pouvait plus faire confiance à sa fille qui persistait, malgré tout, à lui donner tous les signaux pour la guider.

L'attachement L'attachement[1] est un besoin primaire qui n'est le résultat ni du plaisir de manger ni des soins maternels. Cette affectivité particulière pousse l'enfant à établir un lien dès la naissance, sorte de cordon ombilical virtuel, qui se renforcera pour maintenir le contact avec sa mère puis avec d'autres individus. Le besoin d'attachement ne dépend d'aucun autre et conditionne de façon essentielle le développement de la personnalité. Une fois en place, cette capacité d'attachement est acquise.

La mère, quant à elle, doit être capable de ce que l'on appelle la « préoccupation maternelle primaire[2] », c'est-à-dire d'entrer dans un état particulier qui la rend apte à utiliser ce cordon virtuel pour répondre aux besoins de son enfant.

Sur ce besoin primaire d'attachement, se constitue ainsi un véritable « capital » d'assurance de soi qui résulte d'une bonne gestion de la peur de séparation.

---

1. John Bowlby, psychiatre et psychanalyste anglais né en 1907, est l'auteur de la théorie de « l'attachement ». En France, Boris Cyrulnik et René Zazzo ont largement contribué à sa diffusion. Voir le colloque sur « L'Attachement » de René Zazzo, Delachaux et Niestlé, 1979. John Bowlby désigne par « attachement » la capacité précoce à établir un lien humain, qui se développe en passant par une période sensible et fondamentale au cours du deuxième trimestre de la vie du nourrisson. (*Cf.* encadré sur le huitième mois p. 37.)
2. Sur ce concept de Donald. W. Winnicott, *cf.* p. 24.

QUE DEVIENNENT LES PULSIONS ORALES CHEZ L'ADULTE ?

Les pulsions orales qui subsistent chez l'adulte sont des vestiges de la petite enfance. Soit l'individu n'y a jamais renoncé (fixation), soit il y fait un retour à un moment donné de son histoire (régression). La gourmandise, le tabagisme, l'alcoolisme constituent les pulsions orales les plus courantes de l'adulte. Le baiser en est la plus belle sublimation. Que signifie-t-il, si ce n'est le désir d'aspirer l'autre, de l'avaler, de fusionner totalement avec l'être aimé ?

Les risques d'évolution pathologique

Nous ne rappellerons jamais assez que la première des choses à faire lorsqu'un bébé présente des troubles de l'alimentation, c'est d'aller consulter un pédiatre afin d'exclure toute cause d'ordre physiologique. Toutefois, si ces problèmes persistent, il ne faut pas hésiter à en parler à un psychologue. Bien qu'ils soient le plus souvent anodins, ils peuvent quelquefois avoir des origines plus profondes et se traduire à long terme par des troubles du développement de la personnalité, du caractère – colères, opposition – ou par des problèmes d'ordre relationnel et affectif. Il est donc important d'en déterminer les causes le plus tôt possible.

Le sevrage[1] est une période propice aux troubles de l'alimentation.

1. *Cf.* p. 39 et Laura chap. 1.

Trois termes en jeu dans le développement de la personnalité

L'alimentation reflète l'évolution de la relation mère/enfant. Son importance, pour l'avenir de l'enfant, est à la mesure de la complexité des interactions en présence. Trois termes sont en jeu simultanément : l'attachement de l'enfant à sa mère, la fonction maternelle et la fonction paternelle, qui aident l'évolution à bien se faire. Chaque changement successif vécu par l'enfant représente une petite séparation qui doit réussir et déboucher sur une nouvelle étape à explorer. La naissance et le sevrage sont les premières séparations vécues par le bébé. Les difficultés non résolues pendant ces étapes se reporteront sous d'autres formes au cours du développement de la personnalité de l'enfant ou lors de sa vie adulte. Les troubles de cette relation engendrent des modes d'appréhension du monde qui perturberont les processus intellectuels (qualifiés aussi de cognitifs). Ils influenceront aussi son caractère, sa vie relationnelle, sociale et amoureuse.

La « préoccupation maternelle primaire »

La « préoccupation maternelle primaire[1] » est le point de départ de la fonction maternelle. C'est un état très spécifique et organisé se développant au

1. *Cf.* Donald W. Winnicott, « La Préoccupation maternelle primaire » dans *De la pédiatrie à la psychanalyse*, Payot, 1969. On doit à cet auteur des observations essentielles pour comprendre l'importance de la relation mère/enfant. Winnicott est à l'origine de tout un mouvement de pensée psychanalytique.

fur et à mesure pour atteindre un degré de sensibilité accrue pendant la grossesse et surtout autour de l'accouchement. Il dure encore quelques semaines après la naissance. La maman désinvestit alors son environnement. Son retrait progressif l'amène à n'avoir plus qu'un seul centre d'intérêt, son bébé. Cet état mental unique de dévotion, d'écoute, lui permet de s'adapter de façon étroite aux besoins de son enfant. La plupart des mères l'oublient quand elles en sortent.

Seule une mère sensibilisée de la sorte peut s'identifier, se mettre à la place de son enfant pour répondre à ses besoins. D'abord corporels, ils se transforment progressivement en besoins psychiques. La préoccupation maternelle primaire est donc l'environnement nécessaire à l'enfant pour que son développement psychologique prenne un bon départ.

Cet état fournit un cadre grâce auquel l'enfant va éprouver un « sentiment continu d'exister ». Les problèmes rencontrés au cours de sa mise en place peuvent avoir des effets tragiques. Les grands troubles de la personnalité – certains autismes ou certaines psychoses infantiles – sont liés à un défaut de synergie des trois fonctions, maternelle, paternelle et d'attachement.

Problème alimentaire ou anorexie ?

Lorsqu'il est lié à un problème relationnel, un trouble de l'alimentation peut s'avérer simplement l'expression d'une conduite d'opposition. Mais attention ! Il ne faut pas le confondre avec le comportement anodin d'un enfant « difficile » ou qui a décidé de ne manger que ce qu'il veut. On n'a encore jamais constaté de phobies des aliments chez le nourrisson. Ce genre de phobies ne survient que beaucoup plus tard.

Dans certains cas, le refus de s'alimenter, qualifié d'anorexie chez le bébé, peut aussi être une tentative de communication avec la mère, surtout si cette dernière est distante ou angoissée. La plupart des refus ont des causes médicales et mettent en jeu la vie de l'enfant.

L'ANOREXIE DE L'ADOLESCENTE EST-ELLE COMPARABLE AVEC CELLE DES BÉBÉS ?

On ne peut pas comparer l'anorexie de l'enfant avec celle de l'adolescente, bien que cette dernière renvoie, sur le plan psychologique, aux mêmes problématiques, à savoir des difficultés le plus souvent d'ordre relationnel. Chez l'adolescente, les phases d'anorexie alternent souvent avec des phases de boulimie qui consistent à ingurgiter de manière compulsive la nourriture pour la rejeter ensuite. L'arrêt des règles s'y associe et la perte de poids met en danger vital l'adolescente qui doit être hospitalisée. Il s'agit là d'une pathologie complexe où entrent en jeu la relation à la nourriture, à l'autre, ainsi qu'un rapport conflictuel vis-à-vis de la féminité et de la sexualité. Dans ce cas, le traitement est médical et psychologique.

Épilogue

Vingt-quatre heures après notre rendez-vous, Louise a pris ses biberons dans le calme. Peu à peu, sa mère lui a proposé des petits pots. Louise a ensuite réclamé ce que ses parents avaient dans leur assiette. En cinq semaines, elle avait retrouvé la voie des progrès. Ses parents se sont détendus. Ils ont compris qu'ils avaient réagi à une simple évolution et qu'il ne s'agissait ni d'un caprice ni d'une anorexie. Dans ce cas, céder aux demandes de l'enfant ne risquait pas de produire un tyran caractériel ni une future adolescente à problèmes. La confiance réciproque a remplacé l'atmosphère d'angoisse qui s'était instaurée.

À la suite de notre première rencontre, un travail psychologique plus approfondi a été abordé. Il devait permettre à ces parents de ne plus retomber dans une impasse de ce type au cours d'une prochaine phase du développement de Louise. Cela leur a permis de comprendre d'où venaient les excès de leur comportement et comment ils les avaient piégés. La culpabilité, qui paralysait la maman mais aussi le père, fait de nombreuses victimes parmi les parents.

L'histoire de Laura et de sa mère en témoigne à son tour.

LAURA

Culpabilité, ambivalence, sein empoisonné,
fonction paternelle, enfant imaginaire.

Laura, 2 mois, est la petite sœur de deux garçons de 5 et 3 ans.

Le rendez-vous a été difficile à négocier entre les tétées et la sieste. Finalement, la maman et sa petite fille sont venues seules, le père ne pouvant quitter son travail. Quand j'entre dans la salle d'attente, je découvre un étalage de matériel de puériculture et une maman le corsage ouvert, en pleine négociation avec son bébé qui, de toute évidence, ne veut pas de son sein.

« Tout se passait sans histoire depuis mon mariage : mes trois grossesses, mes trois accouchements. J'ai allaité tous mes enfants. Laura a attrapé un virus à 1 mois. Depuis, elle tète moins et rejette souvent. Elle ne s'endort plus très bien et, le soir, elle s'énerve. Je dois reprendre le travail dans quelques semaines et je me sens coupable de la laisser dans cet état. J'ai l'impression que ça ne se passe pas aussi bien qu'avec ses frères. Mon lait n'est-il pas assez bon ?

Avec les garçons, tout s'est bien déroulé, leur sevrage s'est fait de manière naturelle. Je me sens responsable, comme si cela venait de moi. Quelque chose ne va pas entre nous. J'ai peur pour elle : elle ne se nourrit pas bien, même si ça va mieux avec l'alimentation mixte – biberon et sein – mise en place avec le pédiatre. »

Marylène est une maman très ouverte qui parle d'elle et de sa relation avec son bébé avec une grande franchise, comme seules les mères en sont capables durant cette période postnatale. Tout son être est dirigé vers sa fille. Je comprends alors que Laura va bien mais qu'elle réagit à une préoccupation de sa maman. Mes questions amènent Marylène à ces associations d'idées : « Je dors très mal et je fais des cauchemars lors desquels je fais tomber Laura de la table à langer ou bien je ne la trouve plus et je crois qu'on me l'a volée. Depuis qu'elle a été malade, je suis persuadée que mon lait ne l'a pas bien immunisée. Après un abcès au sein au début de l'allaitement, j'ai commencé à avoir de mauvaises pensées. Par exemple, je me dis que je l'ai empoisonnée. J'ai peur, quand des enfants plus grands l'approchent, qu'ils ne lui transmettent des maladies contre lesquelles je n'ai pas pu la protéger. J'ai peur de la contaminer quand je stérilise les biberons. Elle doit le sentir, et c'est pour cela qu'elle mange mal. Ma mère pense que je devrais la sevrer, elle dit que mon lait n'est pas nourrissant. Mon mari aussi et, en plus, il trouve que je la couve trop. Nous nous disputons beaucoup à ce propos car, le week-end, il veut s'en occuper et cela finit toujours mal. Il me la remet dans les bras et me dit que Laura est comme moi, parce qu'elle le repousse. Je ne sais plus du tout ce qui est bien et je me sens déroutée et incompétente. »

Marylène s'effondre en parlant. Elle livre pour la première fois ses pensées les plus secrètes, sans retenue. Tout en l'écoutant, j'interviens pour lui faire remarquer que Laura s'est endormie au cours de cet entretien. Elle s'est détendue dans cette atmosphère où sa maman s'est appropriée ses propres questions.

Je conclus, étonné par son manque de confiance en elle. De toute évidence, son bébé, lui, ne doute pas de sa maman. J'ai aidé Marylène à mettre Laura dans son sac kangourou et à repartir avec tout son matériel. Elle ne s'est même pas réveillée !

Quand nous nous sommes revus, Laura avait 8 mois. Sa maman avait repris de l'assurance depuis notre premier entretien. Toujours très touchante, elle me confie cette fois-ci sa peur de voir Laura mourir.

Elle a établi un lien entre sa crainte et un drame survenu trente ans auparavant : elle avait 2 mois quand son frère aîné est mort. Le deuil trop douloureux de sa mère a précipité le sevrage de Marylène, qui a été confiée pendant quelques mois à sa grand-mère.

À la suite de notre première rencontre, Marylène avait repris son travail et continué pendant plusieurs mois à donner le sein à sa fille le matin et le soir, « plus par plaisir ». Le sevrage s'est fait sans difficulté sur l'initiative de Laura. En l'absence de sa mère, chez la nourrice, elle a utilisé une tétine qui a commencé à provoquer des conflits. Le père trouvait cet objet ridicule, alors que Marylène lui attribuait peu d'importance. Elle pensait que cela passerait, mais tout le monde s'en est mêlé. De plus, Laura a recommencé à souffrir de petits troubles du sommeil. Elle mettait du temps à s'endormir et se réveillait souvent. Elle réagissait en pleurant dès qu'elle voyait des visages auxquels elle était peu habituée. Ce nouvel épisode ayant réveillé les conflits antérieurs du couple et ses doutes, Marylène a décidé de venir en reparler avec moi, puisque nos échanges leur avaient permis de sortir d'un premier piège.

Analyse de la situation

« Le sein empoisonné », piège de la culpabilité

La culpabilité de Marylène s'exprime à travers plusieurs idées qui ne sont pas fondées sur la réalité mais sur des croyances, des impressions qui s'imposent à elle. Ces fantasmes peuvent se résumer ainsi : « Moi, sa mère, je l'aime mais je lui fais du mal et elle risque de souffrir, ou de mourir par ma faute. » Ces idées sont contradictoires :

- L'ambivalence s'exprime naturellement chez tout être humain. Des sentiments contradictoires coexistent, comme l'amour et la haine ou les désirs de fusion et de rejet. Les mamans sont soumises à la violence conflictuelle de leur propre ambivalence. Elles chassent parfois avec facilité ces « mauvaises pensées », mais de temps en temps, comme ici Marylène, elles sont déstabilisées et en souffrent.
- L'histoire personnelle fait intervenir plusieurs générations : cela complique la gestion de ce conflit intérieur et peut engendrer une forte culpabilité.
- La perspective du sevrage de Laura ravive chez sa mère une angoisse. La séparation précoce vécue lors de sa propre enfance est à l'origine du sentiment de culpabilité vis-à-vis de sa fille :

« Je ne lui donne pas assez d'amour pour bien vivre notre prochaine séparation. »

Les bons conseils qui piègent

Marylène doute d'elle, en particulier face à sa fille. Celle-ci la renvoie plus à elle-même que ses deux garçons, avec lesquels la différence des sexes a établi une distance naturelle.

Comme toutes les jeunes mamans, elle est hypersensible dans les mois qui suivent l'accouchement, et les paroles de son entourage l'atteignent comme des reproches.

- Sa propre mère est diététicienne et tient une position de savoir scientifique à propos de ce qui serait bon ou non pour sa petite-fille. Ses conseils, bien que justes, ne peuvent être admis par Marylène. Grand-mère et mère sont ramenées trente ans en arrière, au deuil irréparable d'un enfant pour l'une, à une séparation et à un sevrage violent pour l'autre.
- Son mari adopte une position symétrique : impuissant à l'aider ou à la remplacer, il croit qu'une mauvaise relation est à l'origine du problème. À propos de la tétine, il intervient aussi par réaction. Il n'imagine pas que Laura vit un changement important comme tous les enfants qui, à certains moments de leur développement, ont des peurs et des régressions nécessaires et bénéfiques. Les parents doivent s'ajuster et accompagner ces passages. Ils ne sont pas dus à de mauvaises relations. Les difficultés de communication qui s'instaurent proviennent du fait que Marylène ne se sent ni écoutée dans sa recherche ni soutenue.

Le point de vue psychologique

À un premier niveau, son bébé exprimait par son comportement le conflit auquel était confronté Marylène. Il venait d'une part d'un manque de confiance en elle, d'autre part d'une soumission aux conseils de son entourage. Cela créait des discordances entre ce qu'elle éprouvait vis-à-vis de sa fille et les injonctions de ses proches. Cette contradiction la mettait dans un choix délicat : soit s'opposer à sa mère, à son mari et les décevoir pour s'occuper de sa fille en suivant son intuition, soit l'inverse, mais au détriment de sa fille. Dans les deux cas, la culpabilité l'envahissait.

La culpabilité datait d'une génération ! La mère de Marylène a fait tout ce qu'elle a pu pour protéger son bébé, en la confiant à sa propre mère pendant le drame qu'elle vivait. Mais le sevrage précipité a tout de même marqué leur relation. Avec sa propre fille, Marylène a réalisé toute la dimension et la tristesse de cette séparation et l'ambivalence qu'a dû ressentir sa mère à son égard. « Ma mère m'aime, je n'en doute pas, mais elle aurait préféré que ce soit moi qui meure à la place de mon frère qu'elle aimait depuis plus longtemps. » La crainte de ne pas pouvoir protéger Laura, et de la perdre, prend ainsi tout son sens.

La séparation précoce avec sa mère, son grand frère mort juste après sa naissance et sa fille Laura qu'elle devait sevrer, tout cela se mêlait confusément dans l'inconscient de Marylène. L'exploration de ces points, lors de nos entretiens, a permis de les distinguer les uns des autres au cours d'un travail psychique. Marylène a écarté de Laura les fantômes qui habitaient son propre imaginaire.

L'enfant imaginaire et l'enfant réel : une séparation prototype des futures étapes d'autonomie

Une mère découvre réellement son enfant quand elle le met au monde. Tout ce qu'elle avait imaginé auparavant s'appuyait sur sa propre enfance, ses jeux, ses identifications à sa mère et ses désirs. Cet imaginaire, qui l'a accompagnée pendant toute la grossesse, se trouve confronté à l'enfant réel en chair et en os, qui crie, qui est calme, chaud et doux, qui a son odeur, etc. Ce n'est pas le même que celui qu'elle se représentait, enceinte.

La jeune maman doit faire son deuil de l'enfant imaginaire, celui qu'elle a idéalisé, pour investir son véritable enfant. Là sans doute, la première séparation pour une mère. Après l'accouchement, il s'agit plus de se séparer de l'enfant imaginaire que de ne plus avoir son enfant en soi. C'est probablement pour cela que, même heureuses, les jeunes mamans font parfois une dépression post-partum – le *baby blues* –, ou passent par des humeurs tristes, sans raison apparente.

L'intensité de cette dépression est souvent en rapport avec l'importance du décalage entre l'enfant imaginaire et l'enfant réel. Un enfant handicapé à la naissance, une séparation obligée, un enfant de sexe différent de celui qu'on espérait, sont des événements qui peuvent induire un deuil difficile de cet enfant imaginaire. Dès lors, la séparation risque d'être problématique pour les futures étapes de prise d'autonomie de l'enfant.

À chaque fois que l'enfant change, de nouvelles images de lui se superposent aux anciennes. Pour les investir, la mère doit se séparer de ses anciennes représentations, comme elle a dû le faire avec son enfant imaginaire. La joie de voir son enfant grandir s'accompagne ainsi de petits « deuils » successifs. Après les séparations du sevrage et de la reprise du travail, Marylène s'est dégagée du deuil d'un enfant réel (son frère), en même temps qu'elle faisait celui de la petite Laura des premiers mois.

Un problème peut cacher un progrès

La reprise des conflits familiaux à propos de la tétine de Laura et l'apparition de nouveaux symptômes réels ou supposés (sommeil difficile, rejet des visages étrangers) ont amené ses parents à revenir me voir. Ces difficultés cachaient en fait le télescopage de deux étapes essentielles de la première année de l'enfant : le sevrage et l'angoisse du huitième mois. Le huitième mois est un âge clé pour tous les enfants. Il est accompagné d'une anxiété liée à la séparation et à « la peur des étrangers ».

Le père de Laura a mal réagi à ces manifestations, pourtant normales. Il s'est cru à nouveau dans le contexte conflictuel précédent. À la question de la tétine s'associait un comportement inquiétant. À ses yeux, sa fille rejetait les autres, pleurait à la vue des « étrangers » et se réfugiait auprès de sa mère.

Les conflits que cela a suscités à nouveau entre sa femme et lui l'ont exaspéré. Il a ainsi affirmé son désir que sa fille grandisse et sorte d'une relation jugée trop fusionnelle avec sa mère.

D'apparence rigide, sa position sur la tétine a eu l'intérêt d'amener des interrogations, puis le dialogue dans le couple parental. Cependant, poussé par sa

QUE SE PASSE-T-IL D'IMPORTANT À 8 MOIS ?

L'angoisse du huitième mois est la clé de voûte du langage. De nombreuses études ont montré l'importance de cette période où l'enfant a peur des visages étrangers[1]. Il commence à percevoir son corps dans sa totalité, alors même qu'il n'est pas encore apte à l'éprouver par sa motricité. Dès ce moment fondamental, l'enfant acquiert la capacité psychique de créer des images permanentes et suffisantes avec lesquelles il peut désormais se représenter mentalement sa mère absente. Ayant une nouvelle compréhension de l'absence et de la présence, l'enfant réalise le sens de la séparation, d'où son anxiété le temps de cet apprentissage. Il peut, dès lors, appeler sa mère avec l'intention de la faire revenir : c'est la naissance du langage !
De nombreuses expressions (boire des paroles, les ravaler, vomir des mots, la diarrhée verbale...) nous rappellent qu'à l'origine la parole s'adresse à la mère et passe par la bouche encore tout investie par l'oralité.

« fonction paternelle » à intervenir, il risquait d'attribuer à tort les peurs nouvelles de Laura à un problème de relation avec sa mère. Inquiet, il considérait sa femme comme responsable. Il ne

1. Pour Jean Piaget, c'est à 8 mois que se construit la « permanence de l'objet », base du développement cognitif (*cf.* p. 213). Jacques Lacan situe à ce moment le « stade du miroir » et y fonde sa théorie clinique de la psychose. À sa suite, Françoise Dolto établit l'importance de ce moment de réunion de « l'image inconsciente du corps ». René Spitz a montré que, jusqu'à 8 mois, les enfants hospitalisés et séparés de leur mère sont dans un état de détresse allant jusqu'à la dépression, voire la mort. (C'est le « syndrome d'hospitalisme ».)

prenait plus de recul et abordait tous ces changements naturels avec crainte. Lui-même, destabilisé par les problèmes d'alimentation de Laura, réagissait avec maladresse, mais pertinence. De fait, lui aussi a souhaité en reparler avec moi. C'est grâce à son impulsion que Marylène est revenue me voir et a fait le lien avec son enfance. C'est dans ce sens que la fonction paternelle a opéré : elle a libéré Laura, et la parole lui a permis de se différencier et de grandir.

La fonction paternelle

Comment se positionne le père dans cette relation très particulière qui se noue entre la mère et l'enfant dès la naissance ? La fonction paternelle prend sa place et entre en action grâce aux interventions progressives du jeune papa. C'est parce que les pères sont biologiquement étrangers à la préoccupation maternelle primaire – grossesse, accouchement, maternage – qu'ils sont le mieux à même de personnifier la fonction paternelle. Dans un premier temps, celle-ci ouvre un nouvel espace à la dualité mère/enfant et sort l'enfant de la relation fusionnelle qu'il entretient avec sa mère pour l'amener peu à peu à s'investir au dehors, à se socialiser. Elle lui fait également prendre conscience de la différence des sexes qui est pour lui une étape décisive. La fonction paternelle organise les relations humaines et sociales en symbolisant la loi sous tous ses aspects. Elle s'enracine dès la conception de l'enfant à travers la parole du père et le poids que la mère donne à cette parole. C'est pourquoi les mères, presque autant que les pères, sont des agents de cette fonction paternelle.

La fonction paternelle peut aussi se définir comme une présence implicite, mais indispensable pour que « l'affectivité donne corps à l'intelligence[1] ». Son rôle est déterminant à chaque moment clé du développement de l'enfant, tels que le sevrage, la propreté, l'œdipe, l'autonomie et les apprentissages scolaires.

QU'APPORTE UN SEVRAGE BIEN RÉUSSI ?

L'étape du sevrage s'avère cruciale tant pour le bébé que pour la mère. Privé du sein maternel, le bébé doit renoncer à une image du corps où la mère et lui-même ne faisaient qu'un.
Se substitue alors à cette relation fusionnelle un autre mode d'échange où la maman doit communiquer autrement que par le contact corporel et le « nourrissage ». C'est ce qu'elle fait en parlant de plus en plus à son bébé qui, quant à lui, découvre comment instaurer une relation distanciée avec sa mère.
C'est ainsi que le bébé commence à s'exprimer, au début par des mimiques, des gestes, des sons et plus tard par des mots. C'est à ce moment qu'apparaît le langage[2].

Jacques Lacan a mis en relief l'importance du père symbolique, en tant qu'il permet à l'enfant d'accéder à l'utilisation des symboles qui vont le

1. Selon la formule du psychomotricien belge Jean-Pierre Yernaux.
2. « Le fruit de la castration orale (sevrage du corps à corps nourricier), c'est la possibilité pour l'enfant d'accéder à un langage qui ne soit pas seulement compréhensible par la mère : ce qui va lui permettre de ne plus être dépendant d'elle exclusivement. » Françoise Dolto, *L'Image inconsciente du corps*, Seuil, 1984, p. 72.

structurer avec le langage, tout en le sortant de la relation fusionnelle avec sa mère. Il s'agit donc plus d'une métaphore que du père réel. Mais n'oublions pas cependant que dans la réalité quotidienne, c'est surtout le père qui l'incarne.

Les trois fonctions, maternelle, paternelle et d'attachement, sont étroitement liées entre elles et en constante interaction. Une défaillance de l'une ou de l'autre, surtout lors de la petite enfance, peut avoir des conséquences pathologiques sur l'organisation de la personnalité.

Le moment du sevrage correspond aussi le plus souvent à celui où l'enfant se met à sucer son pouce. Pourquoi ? En perdant le sein, c'est un peu comme si le bébé perdait sa bouche. Dans un premier temps, la succion du pouce, de la main ou d'un objet, lui permet de trouver un substitut au sein et de s'approprier en quelque sorte sa bouche.

Mais sucer son pouce est également une façon pour le nourrisson d'acquérir une première forme d'indépendance. Comparé à l'animal, le nouveau-né humain reste plus longtemps dépendant de son environnement. Il commence à marcher plus tard et n'a pas encore de maîtrise suffisante pour saisir tout seul un objet qui n'est pas à sa portée. Le fait de pouvoir mettre son pouce à la bouche lui procure une immense satisfaction. C'est une chose qu'il fait tout seul. Il peut réitérer ce plaisir oral autant de fois qu'il le désire. En suçant son pouce, le bébé investit la région buccale, zone fortement érogène. En tant qu'activité distincte, c'est une formidable source de plaisir pour lui. Freud n'a pas hésité à la qualifier de succion voluptueuse. Ce qui explique pourquoi certains enfants continuent à sucer leur pouce longtemps. Les pulsions orales ne disparaissent pas entièrement à la fin de la première année. Même si l'enfant entre en même temps dans un autre stade de développement (anal), il ne renonce pas pour autant aux plaisirs oraux.

POUR OU CONTRE LA TÉTINE ?

Ce n'est pas la tétine en tant qu'objet qui pose problème, c'est l'utilisation qui en est faite par les parents. Mise dans la bouche du bébé dès qu'il pleure, la tétine devient très vite une réponse machinale, une solution de facilité. Elle risque ainsi d'occulter un véritable besoin de l'enfant (faim, soif, sommeil) ou une souffrance (maux de dents, de ventre...). L'utilisation abusive de la tétine se fait souvent au détriment du langage ou du dialogue et dissimule parfois un autre problème, celui de la disponibilité des parents.

Les risques d'évolution pathologique

Les troubles alimentaires sont l'un des premiers motifs de consultation des tout-petits auprès des psychologues. Ils surviennent, comme dans le cas de la petite Louise, en réaction à un changement, soit de régime alimentaire au moment du sevrage, soit de l'environnement (changement de nourrice, entrée à la crèche, etc.). Ils peuvent également se produire lors de poussées dentaires, au moment de l'apprentissage de la marche ou encore de l'entrée en maternelle.

Un refus de s'alimenter transitoire, qui se prolonge ou s'accentue, est très mal vécu par les parents. Dans ces cas, on peut se demander si les troubles ne sont pas liés à un décalage d'adaptation de la mère aux nouveaux besoins du bébé. Un enfant qui refuse de manger, qui joue avec la nourriture, signifie quelque chose. Ses comportements sont avant tout une manière de communiquer sur la relation, un signal d'alarme.

On l'a vu, la qualité de la relation entre la mère et son bébé est essentielle. Toute difficulté relationnelle avec la mère va donc se traduire d'emblée au niveau de l'alimentation. C'est souvent le cas du

QU'EST-CE QUE L'ANOREXIE DU DEUXIÈME SEMESTRE ?

L'anorexie du deuxième semestre est un exemple de refus de nourriture lié à un problème relationnel entre la mère et son bébé. Elle survient entre le cinquième et le huitième mois, en général au moment du sevrage. Le sevrage n'est pas seulement le fait que la mère arrête de donner le sein pour reprendre son travail. Il s'agit plus de la diversification des aliments associée à l'apparition des premières dents, vers 6 mois.
L'étape du sevrage constitue une épreuve. Il est vécu par le bébé comme une seconde séparation après celle de la naissance[1]. Il n'est donc pas rare qu'un sevrage brutal provoque des troubles alimentaires. Ce seront souvent des reflux, des vomissements ou un refus systématique de la nourriture. Un sevrage mal vécu peut aussi entraîner une régression de l'enfant, ou l'apparition de troubles du langage (comme le bégaiement ou le mutisme). Il convient donc d'être attentif aux besoins de l'enfant lors de cette étape.

---

1. Françoise Dolto, *op. cit.*, qualifie ces séparations de castrations symboligènes, puisqu'elles mènent à la parole et au désir.

reflux du nourrisson. Bien que ce phénomène soit souvent associé chez le nouveau-né à une cause physiologique (immaturité du pylore, intolérance au lait, prématurité), il génère une anxiété importante chez les parents. Cette anxiété, que perçoit le bébé, va le gagner à son tour. Ceci se manifestera par la continuation des reflux. Ainsi se forme un cercle vicieux : le phénomène va durer plus longtemps qu'il n'aurait dû et devenir lui-même le terrain relationnel du problème.

Il en est de même pour les vomissements à répétition chez le bébé. Lorsqu'ils n'ont pas de cause organique, ils surviennent dans la plupart des cas lorsque la mère n'est pas disponible pour communiquer de manière adaptée avec son bébé. De façon systématique, celui-ci rejette le lait pour pouvoir bénéficier de sa présence le temps d'une autre tétée.

Les troubles relationnels autour de l'alimentation se répercuteront sur le développement général de l'enfant. S'ils persistent, ils pourront prendre des aspects différents selon l'âge : immaturité, retards, fragilité de la personnalité.

Les pathologies complexes du sevrage

Ce sont des pathologies du lien d'amour. Elles prennent leur source pendant cette période de grande dépendance de la petite enfance. Elles s'expriment avec souffrance par des comportements « addictifs » que l'on retrouve souvent chez les adultes. Leur fond dépressif, dont ils n'ont pas toujours conscience, masque une angoisse d'abandon, de perte de l'objet d'amour. Les formes les plus graves se traduisent par l'anorexie, la boulimie, la toxicomanie, l'alcoolisme, ainsi que certaines dépendances aux jeux (de hasard, vidéos, etc.). Ces pathologies peuvent éclore à la suite d'un choc émotionnel, d'un événement traumatisant (deuil, séparation, rupture amoureuse ou professionnelle), ou d'un échec.

Quant au meilleur sevrage, c'est celui que l'enfant accepte de lui-même. Souvent à la grande surprise de la mère, il refuse le sein par instinct. À condition que ce rejet ne soit pas interprété comme un trouble de l'alimentation, il pourra s'orienter vers la découverte de nouvelles nourritures !

Épilogue

Malgré une amélioration, il a fallu approfondir nos entretiens, compte tenu de l'histoire particulière de la maman de Laura. Elle peut remercier sa fille qui l'a poussée à cette introspection. Par son comportement et sa vitalité, Laura l'a alertée et soutenue. Elle a maintenu la tension nécessaire à la résolution du conflit psychique de sa mère. Laura et Marylène peuvent aussi remercier ce père qui ne s'est pas effacé devant les difficultés. Laura a abandonné sa tétine pour un doudou. C'est un ours en peluche d'une grande douceur que ses parents lui avaient acheté ensemble quelques mois auparavant. Elle le garde dans son lit et frotte avec volupté son étiquette « made in China » *! Avec lui, elle se laisse aller dans le sommeil avec bonheur, comme si elle était dans les bras de ses parents. La communication s'est rétablie dans cette famille où chacun a enfin trouvé sa place sans empiéter sur celle des autres.*

II

LES PIÈGES DE LA NUIT

MARGAUX

Sommeil, insomnie, cauchemars et terreurs nocturnes, doudou et objet transitionnel.

Je me prépare à une rencontre difficile. Au téléphone, la voix tremblante et enrouée de la maman m'avait décrit un monstre.

Dans la salle d'attente, épuisés, teint blafard, des parents m'attendent en compagnie d'une toute petite fille qui s'agrippe à sa mère. Son visage rose respire la bonne santé et contraste sérieusement avec celui de son père. Ce petit ange timide et haut comme trois pommes aux petites couettes blondes et à la jolie robe bleue à smocks est en train de mettre ses parents à genoux. Elle n'a pas encore 2 ans et son problème de sommeil ne date pas d'aujourd'hui. Il a même toujours existé. Toutefois, sa récente aggravation dépasse, pour les parents, les limites du supportable.

La mère a renoncé à reprendre son travail en raison de son état de fatigue. « Margaux met du temps à s'endormir le soir. Chaque nuit, elle se réveille au moins trois fois. Nous n'en pouvons plus. »

La grossesse et la naissance de Margaux se sont bien déroulées. À 3 mois, elle a fait ses nuits normalement. C'était un bébé facile et agréable. Ses premières poussées dentaires, douloureuses, accompagnées de diarrhées, la réveillent. Margaux devient alors nerveuse.

« Elle se réveillait en pleine nuit, brutalement, en hurlant. Il fallait se lever cinq ou six fois par nuit. Elle mettait ensuite longtemps à se rendormir. Pourtant, le pédiatre nous avait donné ce qu'il fallait contre la douleur. Mon mari ou moi, nous marchions dans la maison pendant des heures en la tenant dans les bras. Elle se rendormait jusqu'au réveil suivant. À cette époque, mon mari partait travailler très tôt le matin et, pour qu'il puisse se reposer, j'ai pris l'habitude de m'endormir avec elle sur le canapé du salon. Oh, je sais bien qu'il ne fallait pas ! Mais au moins, nous avons pu dormir un peu. Récemment, nous avons voulu faire une nouvelle tentative et la remettre dans son lit. Fiasco total : nous ne savions plus si elle se réveillait parce qu'elle avait mal au ventre ou aux dents, si elle avait peur ou si c'était un caprice.

Nous n'oublierons pas cette nuit d'enfer, il y a un mois. Mon mari ne supportait plus que je dorme avec Margaux. Ce soir-là, j'ai quitté sa chambre discrètement. À peine le seuil de la porte franchi, elle s'est réveillée en hurlant. Mon mari avait pourtant pris la précaution de huiler les gonds ! J'ai commencé à avoir peur qu'elle ait vraiment quelque chose. Au contraire, son père était certain qu'il ne s'agissait que d'un caprice. Comme le scénario s'est répété, il a décidé de la promener en voiture pour la calmer – elle s'endort toujours en roulant. Ils sont rentrés après un tour complet de périphérique et j'ai cru qu'il allait devenir fou ! Elle ne s'était pas arrêtée de crier ni de pleurer une seconde depuis leur départ ! Très inquiet, il était désormais persuadé qu'elle avait mal quelque part et se sentait coupable. À mon grand soulagement, il m'a demandé d'appeler un médecin. Margaux l'a accueilli à deux heures du matin avec un sourire radieux. Elle trônait fièrement sur le ventre de son père, qui dormait à poings fermés ! »

Analyse de la situation

Margaux n'a pas de problème de sommeil

Les enfants se réveillent s'ils sont malades, si les poussées dentaires sont douloureuses ou s'ils font des cauchemars. Les poussées dentaires passent parfois inaperçues, mais peuvent provoquer des douleurs aiguës, comme c'est le cas pour Margaux. De tels réveils nécessitent un réconfort. Les petits n'ont pas encore les moyens de se rassurer ni de comprendre ce qui leur arrive. Ces moments sont pour eux comparables aux réveils irrépressibles des trois premiers mois, imposés par la faim.

SE RÉVEILLER, EST-CE TOUJOURS UN PROBLÈME ?

Comme les adultes, les enfants peuvent aussi se réveiller la nuit, sans raison particulière. Il s'agit souvent de réveils légers après lesquels ils se rendorment tout seuls, surtout si nous ne les réveillons pas complètement en intervenant plus que nécessaire : une caresse sur le front ou un mot doux suffisent pour les rassurer dans leur demi-sommeil.

Premier piège : les parents ont « marché »

Un bébé a besoin d'être porté[1]. Margaux se calme vite dans les bras de sa maman. Quand elle retrouve ses repères, le contact et l'odeur de sa mère, la tension qui persistait après la pointe de douleur dentaire disparaissait. Dans quel piège sont tombés ses parents ? Dans un premier temps, ils ont su rassurer leur fille, mais celle-ci a transformé, insidieusement, la signification de leur intervention et les a fait « marcher » pendant des heures. C'est-à-dire plus qu'il n'en fallait[2].

Il est inutile d'atteindre un tel état d'épuisement pour réagir. Quand rien ne va plus, c'est un signal d'alarme. Il est alors temps de redéfinir les limites à poser, pour les parents comme pour l'enfant !

Un seuil a été franchi quand Margaux, réveillée et détendue, a perdu progressivement ses repères et son rythme de sommeil. Le plaisir d'être bercée, bien calée dans les bras de ses parents, s'est mis à l'emporter sur la fatigue. Dormir est devenu une contrainte, celle de renoncer au bien-être procuré par la présence de ses parents. Le sommeil qui s'était mis en place à 3 mois s'est rapidement désorganisé.

---

1. Donald W. Winnicott insiste sur les besoins du bébé : la manière de le porter, de le toucher, de le manipuler et dont on lui présente des objets à explorer.
2. Un bébé a besoin d'une « mère suffisamment bonne », mais pas parfaite ! C'est le sens que Winnicott donne à son expression « *good enough mother* ».

Deuxième piège : Les parents de Margaux empêchent leur fille de dormir !

Les difficultés de sommeil se sont ensuite accrues pour atteindre leur paroxysme lors de cette nuit infernale. La maman voulait protéger le sommeil de son mari en se couchant avec Margaux sur le canapé. Dès lors, celle-ci ne savait plus s'endormir seule. Focalisés sur les risques de réveil, ses parents n'ont pas pensé qu'elle avait désappris à s'endormir, alors qu'elle était capable de retrouver toute seule ses marques initiales. De fait, ils sont restés hésitants entre une hypothétique souffrance, une angoisse ou un caprice. Ce sont donc les parents qui n'ont plus offert les repères nécessaires à la mise en place du sommeil. Ils sont tellement sortis du cadre qu'ils en ont fait le tour de Paris !

Le point de vue psychologique

Le sommeil, comme les autres fonctions vitales, garde une grande plasticité, c'est-à-dire une flexibilité, une réactivité à l'environnement et au climat affectif. S'il se dérègle vite, il peut aussi retrouver rapidement son équilibre.

Le sommeil est facilement déstabilisé selon les événements qui viennent le troubler (bruits, maladies infantiles, troubles digestifs…). La fermeté, les excès, les règles rigides – « il ne faut pas dormir avec son enfant » – ne sont pas de bonnes solutions. Il n'existe pas de méthode idéale. Si cela rassure un enfant malade, pourquoi s'interdire de mettre son berceau dans la chambre des parents pendant quelques nuits (si les multiples bruits nocturnes émis par le bébé n'empêchent pas ses parents de dormir) ? Le plus important consiste à ne pas dépasser un certain seuil une fois l'enfant rétabli. Après une petite affection, l'équilibre initial du sommeil revient spontanément si l'enfant retrouve le cadre et les repères donnés antérieurement par les parents. Cela revient à rassurer autant de fois qu'il le faut, mais pas plus. Avec certains enfants, il faut tâtonner plus qu'avec d'autres pour trouver le dosage convenable et les limites à ne pas franchir.

L'endormissement est une séparation. Comme toutes les séparations normales, celle-ci peut générer une anxiété modérée. Elle sert alors à pousser l'enfant vers une recherche de solutions autonomes. Cette recherche est bien mieux accueillie quand l'enfant est préalablement rassuré par ses parents quant à la stabilité de ses repères.

À QUOI SERT LE SOMMEIL ?

Le sommeil est l'une des fonctions fondamentales du développement psychique de l'enfant. Il a un double rôle, biologique et psychologique. Sur le plan physiologique, il va s'employer en quelque sorte à « réparer » le corps. C'est aussi lors de certaines phases du sommeil que l'hormone de croissance est synthétisée.
Sur le plan psychologique, il occupe une place prépondérante. Il permet le stockage et la mémorisation à long terme des diverses informations et apprentissages. Il résout les conflits psychiques auxquels l'enfant est confronté et, ce qui s'avère essentiel, favorise l'intégration des repères fondamentaux comme l'espace et le temps. Un bon sommeil est étroitement lié à un bon développement du langage, de la propreté et de l'alimentation.

LE SOMMEIL, FONDAMENTAL POUR LE DÉVELOPPEMENT DES PRÉMICES DU LANGAGE

Jour après jour, le bébé doit intégrer une formidable masse de données, mémoriser des sensations allant du plaisir à la douleur, les assimiler et les relier entre elles pour parvenir à organiser la compréhension de ce qu'il vit. Pour un bébé, le simple fait de comprendre que sa mère est absente mais qu'elle peut revenir est un processus qui va nécessiter plusieurs mois d'apprentissage. Le rythme, présence/absence de la mère est répété dans l'alternance jour/nuit. Dans un cadre rassurant et structuré, ces oppositions sont à l'origine de l'établissement d'une permanence fondamentale. Il s'agit de la permanence qui garantit la succession temporelle et participe à l'établissement du sentiment d'exister. Les mots prennent leur sens si, et seulement si, cette permanence est établie. Les personnes et les objets absents peuvent alors être représentés, voire appelés. Et c'est pendant le sommeil que le petit enfant doit accomplir ce fantastique travail psychique !

L'enfant met environ trois mois à « faire ses nuits », c'est-à-dire dès que ses capacités physiologiques digestives lui permettent de ne plus être réveillé par le besoin impérieux de la faim.

Pour tout individu, et *a fortiori* pour l'enfant, le sommeil constitue donc une phase de très grande activité. Si un bébé passe la majorité de son temps à dormir, ce n'est pas par hasard ! Il ne faut pas oublier qu'un nourrisson ne peut ni penser ni s'exprimer par des mots. Ce qu'il perçoit de son environnement se traduit mentalement par des images (psychiques) qui sont associées, pour la plupart, à des sensations ou à des tensions. Il prépare son langage par un bon sommeil.

Habituellement, un bébé doit s'endormir facilement. À condition, bien sûr, que l'environnement s'y prête. La durée du sommeil est variable d'un enfant à l'autre mais, en règle générale, un nouveau-né dort de dix-huit à vingt heures par jour. Dans les premières semaines, ses réveils, rythmés par la faim, sont au nombre de six à huit par vingt-quatre heures, et ce, qu'il fasse jour ou nuit. Après quelque temps, les réveils s'espacent (l'enfant n'est plus réveillé par la faim) et les phases de sommeil sont de plus en plus longues. Il parvient progressivement à faire la différence entre le jour et la nuit et, vers l'âge de 3 mois, à « faire ses nuits ».

Pour le bébé, l'endormissement est facile s'il est lié au confort donné par la mère. Le sommeil vient naturellement après la satisfaction de ses besoins. En plus de la faim, la succion, le contact, l'échange

UN BÉBÉ DOIT-IL APPRENDRE À SE « CALER » DANS LE SOMMEIL ?

Un bébé qui résiste au sommeil n'a pas pour autant moins besoin de dormir. Il faut parfois lui laisser un peu de temps pour le « trouver lui-même ». C'est un apprentissage qui nécessite de laisser son enfant prendre confiance en lui en trouvant seul ce moment, sans pour autant l'abandonner à ses hurlements.

Avec les bébés, le sommeil peut devenir difficile. Il faut alors beaucoup de souplesse et naviguer entre présence et réconfort d'un côté, fermeté de l'autre.

Tout est dans la nuance, il n'y a pas de bons ou de mauvais gestes.

(surtout par l'odorat) sont aussi des besoins qui demandent à être apaisés.

Vers 9 mois, l'endormissement du soir peut être plus long, des réveils interrompent son sommeil. Pleurs, cris ou agitations sont fréquents. La satisfaction du besoin ne suffit plus, il veut communiquer, attendre son père, participer à la vie familiale.

Les risques d'évolution pathologique

L'insomnie du premier semestre

Les troubles liés au sommeil sont fréquents chez les très jeunes enfants. Difficultés d'endormissement, réveils fréquents, cauchemars ou terreurs nocturnes, ils peuvent avoir plusieurs origines. On constate généralement que les insomnies dites « du premier semestre » sont associées à un climat familial perturbé ou un environnement instable. Entre 6 mois et 1 an, ces troubles sont davantage dus à l'excitation de la journée et aux découvertes motrices.

Comment faire face aux difficultés de sommeil et d'endormissement ?

Il n'est pas rare que ces difficultés à s'endormir ressurgissent aux alentours de 8/9 mois. C'est, après le sevrage, l'âge où le bébé commence à avoir une conscience plus nette de lui et des autres. La séparation prend alors son entière signification et il se la représente surtout comme liée à l'absence de sa mère.

La motricité se développe de manière spectaculaire et l'espace d'action s'agrandit très vite. La distance physique avec la mère se libère et, en même temps, l'état de dépendance diminue. Les progrès effectués correspondent aux petites séparations qui les accompagnent. D'où l'importance des rituels, de la parole paternelle et maternelle. Ils permettent

> **QUE REPRÉSENTE LE DOUDOU OU L'OBJET TRANSITIONNEL ?**
>
> Dès sa naissance, le nouveau-né porte ses doigts à sa bouche pour soulager ses tensions et stimuler cette zone érogène. Entre le quatrième et le douzième mois, il s'intéresse à un objet particulier, en général un bout de tissu ou une peluche qu'il traîne en permanence et triture du matin au soir. À la suite de Donald W. Winnicott, on l'appelle objet transitionnel[1]. Sa particularité réside dans l'utilisation qu'en fait l'enfant, à savoir la valeur symbolique que prendra l'objet qu'il aura choisi. Pour le bébé, l'objet transitionnel n'est pas la mère, mais il la représente. C'est avant tout un substitut maternel. Il acquiert donc une existence affective et devient un moyen de défense contre toute angoisse qu'il pourra ressentir ou dans un moment difficile comme celui du coucher. Il y trouve aussi le soutien nécessaire face à l'anxiété qui précède les nouvelles découvertes. Françoise Dolto[2] compare l'objet transitionnel au joker d'un jeu de cartes qui permet de remplacer les cartes manquantes. Il a non seulement un effet apaisant, mais il se révélera indispensable chaque fois que l'enfant percevra une menace de séparation d'avec la mère.

---

1. Donald W. Winnicott, *Jeu et Réalité. L'Espace potentiel*, Gallimard, 1975.
2. *Op. cit.*

à l'enfant d'être rassuré et de mieux vivre ces séparations qui s'ajoutent à celles de la nuit. Ils participent à la mise en place d'un cadre vivant et éprouvé par tous les sens.

Que ce soit un dernier câlin, une chanson, la lecture d'une histoire ou un objet comme le doudou, tous ces rituels du coucher jouent un rôle indispensable. Non seulement ils permettent à l'enfant de se séparer en douceur, mais ils sont autant de repères qu'il va s'approprier. Ils inscrivent une sorte de continuité temporelle entre le jour et la nuit. De plus, l'enfant leur attribue toujours une valeur symbolique. Celle-ci le rassure et atténue l'angoisse qu'il peut ressentir dans ces moments.

L'avenir du doudou : créativité, toxicomanie, fétiche.

Une « mère suffisamment bonne » (selon Winnicott) permet à son enfant d'accepter progressivement les contraintes de la réalité. La mère dévouée fait ainsi preuve d'une adaptation *presque* totale aux besoins de son enfant[1]. L'adaptation de la mère est telle que l'enfant développe un sentiment de toute-puissance. Il a alors l'illusion de créer lui-même le monde autour de lui.

Ensuite, face aux inéluctables petites « défaillances » de la mère, l'enfant éprouve une désillusion modérée, qu'il accepte en entendant celle-ci lui parler. Quand la mère prend l'initiative du sevrage, elle accentue la désillusion. L'utilisation de la parole aide l'enfant à construire son langage, à accepter le sevrage, à se séparer et s'adapter à la réalité.

---

1. C'est la préoccupation maternelle primaire, *cf.* p. 24.

Ainsi, si tout se passe bien, l'enfant s'adapte activement en remplaçant l'illusion primitive par un espace intermédiaire, l'aire transitionnelle dont le représentant le plus caractéristique est le doudou, ou l'objet transitionnel, qu'il peut animer à sa guise. Chez l'adulte, le jeu, la créativité et les objets fétiches[1] y prennent leur source.

Si l'attachement construit des liens, les pathologies de l'espace transitionnel les modifient, les détruisent. La séparation ou la perte peuvent affecter les phénomènes transitionnels, donnant naissance à une dépression qui peut aller jusqu'au syndrome d'hospitalisme[2]. Françoise Dolto[3] attribue à ces pathologies l'origine de certaines formes de fétichisme ou de toxicomanie.

Les risques liés aux troubles du sommeil et de l'endormissement

Le premier risque, subi par les parents de Margaux consiste à ne plus comprendre ni différencier les besoins de son enfant. La cause la plus courante des plaintes des parents à propos du sommeil vient de l'insuffisance des repères et des limites donnés à l'enfant. Les familles arrivent à un degré étonnant de souffrance et de désorganisation de leur vie quotidienne. Il s'agit en fait d'une hyperadaptation ratée. L'imagination des parents est parfois sans limite et peut mener des enfants à traîner

1. Anna Freud fait un lien entre l'objet transitionnel et l'utilisation du talisman dans *Le Normal et le Pathologique chez l'enfant*, Gallimard, 1968.
2. *Cf.* note p. 37.
3. Françoise Dolto, *op. cit.*

encore leur matelas le soir pour dormir devant leur porte, en pleine adolescence !

QU'EST-CE QU'UN « LIT MUSICAL » ?

Certaines familles pratiquent au cours de la nuit ce que j'appelle le « lit musical ». Une sorte de rotation nocturne se produit un peu comme dans le jeu de la chaise musicale, mais avec les lits. Ainsi, cette famille ayant des enfants entre 6 et 10 ans que j'ai eue en consultation : le père, après plusieurs « déménagements », se retrouvait régulièrement dans le lit conjugal, mais en compagnie de son fils (censé avoir des troubles du sommeil). La sœur finissait sa nuit dans le lit de son frère et la mère sur le canapé !

Ces familles sont toujours prises dans les pièges de la nuit. Des problèmes s'expriment et se développent sur ce terrain. Leurs conséquences, à long terme, peuvent être coûteuses. Bien heureusement, même si ces pièges durent parfois longtemps, ils ne débouchent pas toujours sur une pathologie grave. Quoi qu'il en soit, l'aide psychologique s'impose, car il est nécessaire pour chacun d'en sortir le plus vite possible.

Certains troubles graves du sommeil sont associés à des pathologies lourdes et précoces. À l'inverse, l'intensité du problème nocturne ne traduit pas l'état de gravité du phénomène. Au-delà des pièges que nous avons décrits, l'origine relationnelle est courante dans les troubles du sommeil. Elle peut concerner la mère et l'enfant, mais aussi le couple parental et parfois l'un des parents avec ses propres parents. La durée du travail psychologique nécessaire varie selon les cas. Il est important de ne pas laisser de tels problèmes s'installer dans le temps, ni envahir la vie familiale. Les conséquences se mesurent sur tous les apprentissages, en premier lieu sur celui de la parole. Chez des enfants plus âgés ayant des troubles du comportement[1], il est commun de retrouver des difficultés précoces du sommeil. Ils en gardent un manque d'autonomie et une dépendance affective qui pèsent sur leur sphère relationnelle. L'anxiété demeure présente et mal gérée.

En conclusion, les troubles du sommeil qui s'installent chez les tout-petits préparent le lit des insomnies des plus grands.

Épilogue

Margaux s'est décollée de sa mère au milieu de l'entretien. Je lui ai alors parlé très simplement pour lui expliquer à quoi servait le sommeil et pourquoi elle devait apprendre à s'endormir seule. Elle m'a juste dit « d'accord » puis s'est mise à jouer (elle refusait depuis le début de s'intéresser aux jouets que j'avais disposés devant elle). J'ai rassuré les parents : Margaux allait bien. Aucune psychopathologie ne les concernait. Ils ont ri en réalisant que c'était finalement eux qui l'empêchaient de dormir. Cette prise de distance leur a permis de mesurer l'inadaptation à laquelle ils étaient arrivés. Ils sont encore venus deux fois me parler de Margaux, c'est-à-dire principalement de leurs progrès à eux, parents. Une semaine avant le dernier rendez-vous, le père m'a téléphoné, inquiet. Margaux avait eu de

1. *Cf.* p. 119.

la fièvre après une vaccination et il craignait que tout recommence. Je l'ai rassuré : « Elle a réussi à s'endormir toute seule en quinze jours ! Ce n'est pas à moi que vous devez en parler, vous avez compris ce qu'il faut faire, parlez-en avec votre femme. »

Lorsque je les ai revus pour conclure, je n'ai eu qu'à les féliciter tous les trois ! Ils étaient sortis sans encombre du piège de l'endormissement.

MAXENCE

Cauchemars, développement de la personnalité,
balance sécurité/risque.

Une nuit d'épouvante

« Cette nuit, une fois de plus, je me suis réveillée en sursaut ! J'ai ressenti sa présence et un frisson d'angoisse m'a paralysée. Il m'observait depuis un certain temps. Au moment où j'ai ouvert les yeux, son hurlement m'a fait bondir. De l'autre côté du lit, mon mari s'est dressé tel un diable en criant : "Qu'est-ce qu'il y a encore, Maxence ?" »

Pauvre Maxence ! Ses cauchemars le réveillent. Ses jouets, tant aimés le jour, se métamorphosent la nuit dans sa chambre. Récemment, ses parents ont trouvé le couteau de sa panoplie d'indien caché sous son oreiller. Démasqué, Maxence, 5 ans, crie son désespoir : « Rends-moi mon couteau ou je me tue ! » Ce drame est raconté par la maman avec émotion. La crainte d'une dépression ou d'un problème de violence à l'école est évoquée par les parents. Les peurs et les cauchemars se multiplient, la fatigue de chacun s'accroît. Quand ils ne l'entendent pas la nuit, c'est pour le retrouver dans leur lit le matin. À la naissance de sa sœur, Maxence avait 2 ans et demi. Il a réagi en mettant plus de temps à s'endormir le soir.

« Pour qu'il ne soit pas jaloux, nous nous en sommes beaucoup occupés. Au coucher, nous restions avec lui jusqu'à ce qu'il s'endorme, sinon il se relevait vingt fois. Nous ne voulions pas le gronder : il risquait de croire que nous l'aimions moins depuis l'arrivée de sa sœur. Il ne s'endort jamais avant 22 heures. Dès que Maxence fait des cauchemars ou se réveille, j'interviens pour l'aider à se rendormir et c'est parfois long. Je veux qu'il puisse récupérer, sinon il est énervé le lendemain. »

Sa mère poursuit : « Il nous a dit que ses peluches et ses jouets se transforment la nuit et lui font peur. Chaque soir, nous les retirons tous de sa chambre. Son père lui fait faire le tour de l'appartement. Il vérifie avec lui que les serrures sont bien fermées, il fouille sa chambre en sa présence, regarde sous son lit et derrière les rideaux pour lui montrer qu'il n'y a rien à craindre. Nous ne savons plus quoi faire pour qu'il n'ait plus peur et dorme bien. Je crois qu'il y a un malaise depuis l'arrivée de sa sœur, et mon mari craint qu'il ne veuille pas nous parler d'un problème à l'école. C'est dur pour tout le monde physiquement, mais je m'inquiète surtout pour son avenir, il est déjà tellement mal dans sa peau, à 5 ans ! »

Analyse de la situation

Les peurs et cauchemars nocturnes de Maxence sont-ils les signes avant-coureurs d'une pathologie ?

La jalousie éprouvée à l'égard de sa sœur peut-elle engendrer ce type de problème ? Maxence cache-t-il un souci plus grave ?

Les parents de Maxence ont d'abord cherché à empêcher à tout prix les manifestations émotionnelles de leur fils pour le protéger (contre son sentiment de jalousie) avant de se poser ces questions.

Premier piège : les loups-garous, ça existe ?

Il est de notoriété publique que les jouets se transforment et ont leur vie propre la nuit ! Dans le noir, ils viennent même empêcher les enfants de dormir et les poussent à persécuter leurs parents ! Seul le doudou est bienveillant, mais ce n'est pas tout à fait un jouet.

Comment peut-on empêcher les jouets d'avoir de tels comportements ? Certainement pas en tombant dans le même piège que les parents de Maxence ! Ils « jouent » tellement le jeu de la peur qu'ils l'accréditent totalement. Ils font à Maxence la démonstration que rien ne peut plus l'atteindre ni lui faire de mal. En conséquence, eux contrôlent tout, et Maxence ne maîtrise plus rien. Il est encore plus dépendant de ses parents pour s'endormir et gérer ses peurs imaginaires et inoffensives. Il a peur parce qu'il perd son autonomie.

> **Personne ne peut protéger un enfant d'un danger qui n'est pas réel ! Cependant, il est possible de le rassurer et de l'amener à gérer lui-même son imaginaire, dont font partie ses peurs et ses cauchemars.**

Deuxième piège : quand les parents veulent être « gardiens à la place du gardien »

Les parents de Maxence voulaient protéger son sommeil, d'abord en s'allongeant près de lui, puis en modifiant son environnement et en intervenant systématiquement à chaque réveil. Ce sont des parents-vigiles qui l'empêchent de s'endormir et d'apprendre à se rendormir tout seul. L'erreur commise ici est de croire que les peurs et les cauchemars de son enfant viennent du dehors, en réaction au monde extérieur ! Eh bien non, ils viennent de lui-même, de son psychisme ! Il les produit seul pour résoudre ses conflits internes, comme tous les enfants qui grandissent. En voulant empêcher cela, les parents s'opposent involontairement à son évolution. Les peurs, nous le verrons, tout comme les cauchemars, font partie du développement normal de l'enfant. Elles sont nécessaires et accompagnent ses progrès. Maxence doit apprendre à utiliser son propre « gardien du sommeil » : c'est lui et lui seul qui lui garantira une nuit réparatrice.

Le point de vue psychologique

La nuit, tous les chats sont gris, les repères s'estompent. Le sommeil est un temps de solitude. Dans l'obscurité et le silence de la nuit, on entend battre son cœur et on repense aux événements de la journée. Cet état de repli et de bien-être est accompagné d'une régression psychique qui libère les fantasmes. La levée du contrôle conscient et la baisse de la vigilance donnent libre cours à l'imagination. Si les bras de Morphée peuvent être confortables, s'abandonner au sommeil peut aussi réactiver des angoisses archaïques. Les grands lits d'aujourd'hui, qui rendent possible la position allongée, sont récents : autrefois cette position était réservée aux gisants. On dormait assis, appuyé sur de gros coussins, dans des lits plus courts, par crainte de la mort qui pouvait surprendre pendant le sommeil.

La situation du sommeil renvoie à la mort. Elle représente dans l'inconscient l'idée de séparation. Ainsi, la croyance qu'un rêve où les dents se détachent annoncerait une mort est fausse en tant que prémonition. Par contre, il y est bien question d'une séparation pour le rêveur. L'association d'idée – perte des dents et mort – indique bien que la mort est ici le paradigme de toutes les séparations vis-à-vis de ses parents, comme le sommeil, le sevrage et toutes les prises d'autonomie d'un enfant qui grandit.

Le lien inconscient avec la mort et la séparation n'est pas la seule signification du sommeil. C'est aussi un moment de bonheur, où chacun se retrouve, se repose et rêve, dans l'attente d'un lendemain toujours renouvelé.

Un bébé heureux a-t-il plus de chances de devenir un adulte heureux ?

C'est ce qu'affirme le psychologue T.G. Bower[1]. Lorsqu'on est parent, on désire avant tout contribuer à l'épanouissement

1. T. G. Bower, *Le Développement psychologique de la petite enfance,* Mardaga, 1978.

de son bébé. Mais que faire pour que son enfant soit heureux, grandisse et se développe dans les meilleures conditions et le meilleur environnement possible ?

C'est simple ! Pour être heureux, un bébé doit au plus tôt acquérir ce qu'on pourrait appeler des

COMMENT SE CONSTRUIT LA PERSONNALITÉ DE L'ENFANT ?

L'attachement et les fonctions maternelle et paternelle jouent un rôle capital dans l'organisation psychique de l'enfant. Ils structurent sa vie affective et relationnelle, le développement de sa pensée et de son intelligence : cognition, apprentissages, mémoire, sensations et perceptions. Ils servent en quelque sorte de support au développement de l'alimentation, du sommeil, de la propreté, du langage et de la psychomotricité. Les interactions entre l'enfant et ses parents personnalisent les ressources dont il dispose. Elles tiennent lieu de cadre psychique, intellectuel et éducatif. La composante génétique, le contexte socio-économique et culturel, l'histoire et les origines particulières à tout individu, le hasard et, enfin, l'association des personnalités des parents, soumis eux-mêmes à une transmission transgénérationnelle, tous ces paramètres ordonnent, orientent et déterminent la personnalité de chacun de manière unique.

L'ensemble de ces facteurs influence le développement de l'enfant. Sa personnalité s'élabore progressivement à partir de la naissance jusqu'à la fin de l'adolescence. Ses spécificités se révèlent quand un individu perçoit, conçoit et réagit dans une vaste gamme de situations, sociales et personnelles.

« atouts psychologiques ». Ce sont les « bonnes » cartes que l'enfant accumule pendant les premières années de son développement. Même si les effets à long terme des expériences de la petite enfance sont, jusqu'à un certain point, réversibles sur le plan psychologique, ces expériences restent acquises et vont constituer des facteurs déterminants pour le développement ultérieur de la personnalité et de l'intelligence de l'enfant.

La balance sécurité/risque

L'attitude des parents doit être faite d'ajustements successifs aux besoins de l'enfant. Ils lui permettent de se sécuriser progressivement lui-même. Ces interactions entre parents et enfant construisent les potentiels où, sa vie durant, celui-ci puisera ses ressources. Sa personnalité se fonde en partie là-dessus, elle résulte de ce que je nomme la balance sécurité/risque[1] : ce sont les « bagages » emportés par l'enfant qui lui seront utiles ou, au contraire, l'encombreront au cours de son existence.

Toute expérience vécue par l'enfant, dès sa venue au monde, influe sur son développement ultérieur et se traduit sur le plan psychologique en effets positifs ou négatifs, qui sont autant de bons ou de mauvais points. Ces « points » font ressortir ou inhibent les potentiels d'évolution (génétiques, neurologiques ou biologiques) de l'enfant, qui ont trait à l'aspect fonctionnel du corps, comme l'alimentation, le sommeil, le langage, la propreté et le développement psychomoteur. L'évolution de l'enfant va se « personnaliser » de

1. Notion très proche de la résilience.

plus en plus en prenant du « caractère ». L'acquisition des points sécurité/risque se traduira dans sa capacité d'adaptation.

L'enfant puise ses ressources dans le « capital » de « bons points » qu'il s'est constitué avec les éléments dont il dispose au départ : le contexte familial et personnel. Il s'agit également de tout ce qui lui permet, en particulier dans son expérience avec sa mère, d'élaborer ses propres défenses et de résoudre ensuite par lui-même les conflits ou les difficultés rencontrées au cours de sa vie d'enfant et d'adulte.

En psychologie, le terme « défense » désigne un processus inconscient. Il permet au sujet de se protéger contre les agressions intérieures et extérieures susceptibles de constituer des facteurs ou des affects de déplaisir, de souffrance ou d'angoisse. Les diverses formes de défense sont regroupées communément sous l'expression de « mécanismes de défense ». Ils visent à réduire tout conflit intrapsychique, permettant ainsi à la personnalité de mieux s'adapter aux événements ou aux situations vécues comme pénibles. La « panoplie » défensive dont dispose un sujet est issue directement du « potentiel sécurité/risque ». En d'autres termes, ces outils permettront à l'enfant de développer harmonieusement sa personnalité sur le plan affectif, relationnel et cognitif, en faisant face aux problèmes quotidiens. Une balance qui penche du côté « sécurité » diminue donc d'autant le risque de psychopathologie[1] chez l'enfant.

1. *Cf.* pp. 77-79, les notions de « psychopathologie ».

À l'opposé, les « mauvais points » proviennent d'un contexte familial problématique, d'un environnement défavorable et de tout ce qui empêche l'enfant de développer ses propres ressources ou qui fragilise ses défenses personnelles. Ils vont concourir à un développement dysharmonieux de la personnalité en augmentant les risques d'inadaptation. Cela se traduit, à plus ou moins long terme, par une régression de l'enfant, un manque d'autonomie et, en grandissant, par des troubles plus graves tels que des phobies, des obsessions, certaines formes de névroses ou même de psychoses. Ainsi, un terrain initial défavorable[1] à la construction de défenses efficaces accroît les risques de psychopathologie. À l'âge adulte, une perturbation affective ou professionnelle ébranlera avec facilité ce système de protection. Un trouble est rarement déclenché par un traumatisme unique. Dans la plupart des cas, la cause est multifactorielle et doit être replacée par le psychologue dans le contexte familial, relationnel et historique.

Il va de soi que les facteurs de sécurité et de risque forment un ensemble dynamique. Plus le rapport sera positif en faveur de la sécurité, plus l'enfant disposera de ressources utilisables tout au long de sa vie. Il se construira de façon harmonieuse, tant sur le plan affectif que sur celui de la personnalité. C'est essentiellement le comportement de la mère (modulé par l'influence du père) au cours des premières années, qui permet ou non à l'enfant de constituer son « capital sécurité ».

---

1. Toutes sortes d'événements graves, qui durent, se répètent, sont mal résolus : situation familiale conflictuelle, maltraitance ou sévices, deuil, séparation, etc.

Pour parvenir à contrôler ses pulsions et à dominer ses émotions, un enfant a besoin d'être confronté à des situations parfois difficiles (ce qui ne veut pas dire dangereuses). Ce sont les conditions indispensables pour parvenir à s'adapter par la suite à des événements plus conflictuels.

COMMENT FAIRE LA DIFFÉRENCE ENTRE ÉDUCATION ET SURPROTECTION ?

Beaucoup de parents commettent l'erreur de penser qu'il faut protéger leur enfant à tout prix, lui éviter tout désagrément ou contrariété, surtout lorsqu'il est jeune. En le protégeant de façon excessive, on l'empêche surtout d'élaborer ses propres défenses, c'est-à-dire d'apprendre à se protéger lui-même de tout ce qu'il pourrait percevoir comme une agression, que ce soit sur le plan physique ou psychologique. Il est donc essentiel d'amener l'enfant à trouver, par ses propres moyens, les solutions appropriées aux différentes difficultés qu'il est amené à rencontrer.
Pour cela, les parents ont un rôle essentiel dans l'éducation : apprendre progressivement à leur enfant comment et pourquoi il doit supporter et accepter certaines frustrations.

Pourquoi faisons-nous des cauchemars ?

Freud a bien expliqué les mécanismes qu'il appelle le « travail du rêve ». Lorsque nous dormons, tous les désirs ou les pensées perçus comme irréalisables ou inacceptables sont refoulés dans l'inconscient par « le gardien du sommeil ». Ce processus vise à rendre inaccessible à la conscience du rêveur le conflit psychique désagréable auquel il est confronté pendant son sommeil. C'est pourquoi les rêves restent le plus souvent incompréhensibles au réveil quand ils ne sont pas oubliés. Si le gardien est efficace, nous rêvons. S'il n'a pu effectuer ce travail de censure, cela donnera lieu à un cauchemar.

Ce qui reste visible au réveil est un véritable rébus. Le rêve est un phénomène actif qui tente de résoudre une tension entre deux forces opposées (ce que le sujet désire est réprouvé par la morale : il doit trouver une solution pour satisfaire d'une autre manière ses désirs, tout en étant en accord avec la société).

Ainsi les conflits entre ce qui est autorisé et interdit, ceux qui sont liés aux apprentissages et aux problèmes rencontrés dans la journée, sont traités et mémorisés par ces processus psychiques.

UTILES, LES CAUCHEMARS ?

Le cauchemar peut être assimilé à une sorte d'entraînement psychique à la résolution de problèmes ou de conflits.
Pour un enfant, faire parfois des cauchemars est donc un signe de bonne santé psychique et de bon développement ! Cependant, s'ils se produisent de façon répétée ou s'accompagnent d'autres troubles, ils signifient que l'enfant est confronté à un problème qu'il n'arrive pas à résoudre. Comme il ne dispose pas de mécanismes de défense suffisants, cela peut se traduire par des terreurs nocturnes.

Les cauchemars ne sont jamais agréables, mais ils jouent un rôle cathartique : en faisant revivre à l'enfant des événements douloureux ou traumatisants – un incident à la crèche, une punition, un accident, une maladie –, ils lui permettent d'évacuer la tension accumulée et de diminuer son angoisse. Ensuite, en revivant de façon virtuelle des épisodes déplaisants ou pénibles, il tente d'y apporter des réponses et des solutions autres que celles vécues dans la réalité.

À quoi ressemblent les cauchemars des bébés ?

Chez le petit enfant, si les cauchemars sont fréquents, c'est parce que le « gardien du sommeil » n'a pas encore tous les moyens de protection à sa disposition.

Le rêve, explique Freud[1], se constitue avec les restes mnésiques de la toute petite enfance. À cette époque, l'enfant n'a pas accès au langage et le monde sensoriel constitue le précurseur de ses premières images. Les rêves des bébés sont donc surtout constitués par des images et des représentations d'origine sensorielle. Le bébé n'a pas encore une image consciente de son corps. Sa perception est faite pour l'essentiel de sensations de plaisir ou de manque, de désirs conscients et inconscients. Pendant les six premiers mois, on peut imaginer qu'il a l'impression de tomber, que le biberon ne donne pas de lait ou bien qu'il n'arrive pas à attraper son doudou. Le cauchemar du bébé est plus proche des angoisses de perte, voire de morcellement, car les représentations sont très

1. Sigmund Freud, *Introduction à la psychanalyse,* Petite Bibliothèque Payot, 1916 ; 1905, *L'Interprétation des rêves,* PUF.

QUI SONT LES MONSTRES DES CAUCHEMARS ?

Grandir se traduit, sur le plan physique, par des métamorphoses corporelles successives. Tout enfant les mémorise dans son inconscient. Le nombre impressionnant de monstres qui habitent les cauchemars des petits est dû à la multiplicité de ces changements corporels. Les loups-garous, dragons et autres monstres des cauchemars sont donc des représentations inconscientes de ces transformations dont le corps est l'objet pendant l'enfance.

Les cauchemars sont des signes de croissance, il faut le dire aux enfants pour les rassurer !

Ainsi, les monstres des cauchemars sont aussi nombreux que les « mutations » du corps. La découverte de la bouche, des doigts, des pieds sont autant de nouvelles expériences qui arrivent à un rythme accéléré. L'enfant doit renoncer à ce corps qu'il dirigeait si bien à quatre pattes, pour prendre possession de ce nouveau corps instable sur ses deux petites jambes maladroites, et ainsi de suite. Les dents poussent, tombent et repoussent, le poids du bébé et sa taille augmentent. Les mains deviennent adroites et obéissent mieux à l'enfant, elles sont comme de nouveaux membres qui auraient poussé.

Les différentes intériorisations des images parentales, craintes et aimées, ces identifications entrent aussi en scène dans les cauchemars.

Les jouets et les dessins animés, dont les personnages se transforment, tiennent de la nostalgie des métamorphoses de la toute petite enfance. Ce qui explique leur succès auprès des plus grands tout au long de leur croissance.

archaïques et sensorielles. Il faut donc le rassurer corporellement.

Autour de 8/9 mois, les images mentales deviennent plus complexes et l'enfant fait des cauchemars qualifiés de « développement », liés à son apprentissage de l'autonomie.

Entre 4 et 6 ans[1], ces cauchemars s'accroissent et se peuplent pour la plupart d'une kyrielle de « monstres ».

Les risques d'évolution pathologique

Ces cauchemars, que l'on pourrait qualifier « de développement », sont donc associés à la croissance, au franchissement des étapes psychiques.

Des cauchemars répétitifs, réguliers, envahissants et accompagnés d'autres symptômes sont en revanche des signes de souffrance, d'un problème qui ne se résout pas.

Si l'attention, l'écoute, le repérage des problèmes éventuels ne suffisent pas et que le trouble se maintient, revient, il manifeste une lutte psychique contre une angoisse envahissante que l'enfant n'arrive pas à régler seul.

Ne disposant pas de mécanismes de défense suffisants pour se protéger psychiquement, il est débordé. Dans ce cas, il ne faut pas hésiter à consulter un psychologue, car les cauchemars traduisent alors une souffrance psychologique.

Il est fréquent de retrouver, plus tard, des troubles du sommeil chez des enfants inhibés, ou au contraire, instables. À l'origine, ces troubles du

1. Cet âge est dominé par l'angoisse de castration de la phase œdipienne : *cf.* chap. 5 et 6.

comportement[1] ou de l'humeur proviennent de limites trop ou pas assez explicites. L'autonomie et la maîtrise corporelle font défaut et échappent à ces enfants anxieux.

Qu'est-ce que la psychopathologie ? Pour comprendre les risques des pièges dans lesquels les parents tombent souvent, il faut lever les confusions les plus courantes concernant certains termes dans ce domaine. Quelques repères terminologiques sont indispensables.

Si les mécanismes de défense ne peuvent plus gérer les souffrances ni les conflits d'un individu, celui-ci régresse jusqu'à un stade antérieur ou stagne à un stade inachevé de son développement. Les angoisses propres à une pathologie correspondent à une étape donnée du développement. Il existe une sorte de hiérarchie des psychopathologies qui suit la chronologie de la maturation psychique. Trois structures ou organisations psychopathologiques principales de l'adulte répondent à des problématiques et des angoisses spécifiques de l'enfance.

• Une régression ou une stagnation à un stade précoce entre 0 et 6 mois correspond à la structure psychotique qui s'exprime par des angoisses de morcellement terrifiantes. L'image du corps est encore parcellaire, indifférenciée entre le dedans et le dehors, et totalement dépendante des sensations internes et externes. Elle n'est pas encore un tout unifié dans l'espace et dans le temps. L'enfant psychotique perçoit son corps comme des petits

1. *Cf.* chap. 3 pour l'inhibition, et 4 pour l'instabilité.

morceaux séparés et correspondant chacun à des sensations indépendantes. Les enfants et les adultes psychotiques perdent le contact avec la réalité.

Pour induire de telles pathologies, il faut que la synergie entre la capacité d'attachement du nourrisson et la compétence correspondante de la mère, la préoccupation maternelle primaire, ait fait gravement défaut l'absence de la fonction paternelle – que la raison soit psychogène ou biologique.

• Une régression ou une stagnation problématique à un âge compris entre 6 mois (apparition des dents, séparation liée à l'autonomie alimentaire et au sevrage) et 1 an (début de l'autonomie de la marche et séparation liée à la « conquête de l'espace ») engendre une angoisse de séparation[1]. La pathologie correspondante, appelée état limite, *borderline* ou personnalité narcissique est une pathologie du lien, caractérisée par une dépression profonde et l'angoisse d'abandon, de perte de l'objet d'amour.

Ces enfants gardent le contact avec la réalité, mais souffrent de graves troubles du comportement et de l'adaptation qui les obligent, dans les cas les plus difficiles, à suivre une scolarité dans des établissements spécialisés. On retrouve également des adolescents ou des adultes qui ont gardé des fixations liées à cette structure autour de la dépendance, comme les joueurs compulsifs, les anorexiques et les boulimiques, certains délinquants et toxicomanes.

---

1. L'intensité de cette angoisse dépend du poids des divers éléments de l'histoire (anamnèse), et notamment lors de cet âge délicat (où se jouent la permanence de l'objet, l'angoisse du huitième mois, le stade du miroir et la peur de l'étranger, *cf.* p. 37).

Les phénomènes psychosomatiques ont souvent leur origine durant cette période.

• Une régression ou une problématique située entre 3 et 6 ans engendre une angoisse de castration dont les pathologies sont névrotiques. Les névroses sont surtout des souffrances importantes qui amènent le sujet à échouer, à éviter certaines situations et à subir des peurs paniques. Ces comportements irrationnels et irrépressibles sont en apparence absurdes. Les symptômes empêchent le sujet de vivre sa vie, la souffrance l'envahit, les échecs et les inhibitions l'invalident. Les angoisses ne peuvent se raisonner, elles sont du ressort de l'inconscient. La dépression est l'un des avatars de la névrose. Pour les adultes, ce sont aussi des fiascos répétés d'ordre professionnel, amoureux, sexuel, ou social. Chez l'enfant qui n'a pas terminé son développement, les inhibitions s'assimilent parfois à des atteintes intellectuelles[1] ou à des conduites d'échec. Les problèmes sont relationnels et affectifs. Les phobies ou l'angoisse trouvent aussi leurs voies d'expression en entravant l'évolution de l'enfant.

QU'EST-CE QU'UNE TERREUR NOCTURNE ?

La terreur nocturne est à l'angoisse ce que le cauchemar est à l'anxiété, c'est-à-dire une manifestation plus profonde, plus intense, d'origine plus inconsciente, avec une tonalité forte d'impuissance et d'irrationnel.
C'est une forme de cauchemar spectaculaire où le jeune enfant paraît éveillé et gesticule dans un scénario

1. Comme la dysphasie, la dyscalculie, la dyslexie, etc., *cf.* chap. 7 et 8.

terrifiant qu'il est le seul à connaître. Il ne voit pas ses parents qui ont accouru, effrayés par l'intensité anormale des cris. Au début, les parents parlent à l'enfant mais ressentent une étrange sensation due à l'impossibilité d'entrer en relation avec lui. C'est sans doute pour eux l'aspect le plus angoissant.
Contrairement à ses parents, l'enfant se rendort et ne se souviendra de rien !
C'est leur fréquence qui est inquiétante, surtout si ces terreurs sont accompagnées d'autres troubles comme, par exemple, des peurs diurnes, des problèmes d'alimentation ou de comportement.

À travers le sommeil, se joue le rapport de chacun avec sa solitude. C'est pourquoi il constitue un terrain privilégié où s'expriment des problématiques telles la dépendance ou l'autonomie. Les troubles du sommeil peuvent donc avoir de multiples conséquences sur le développement physique, intellectuel et psychologique de l'enfant, mais également sur son entourage. Les nuits peuvent vite se transformer en véritables cauchemars pour ses parents aussi ! S'ils sont fréquents et persistent, il ne faut pas les négliger. Ces troubles, s'ils ne sont pas diagnostiqués et traités à temps, peuvent se retrouver plus tard chez l'adolescent et l'adulte dans des pathologies plus structurées.

Épilogue

Le soir, une lecture plus longue qu'auparavant a remplacé la mise en scène de la neutralisation des jouets. Maxence choisit lui-même un conte selon ses besoins du moment, c'est-à-dire en fonction des solutions qu'il doit trouver pour combattre ses propres monstres. À la place de sa maman, allongée sur son lit, Maxence a eu droit à une lampe de poche et un biberon d'eau, près de lui. Sous son oreiller, le laser d'un superhéros s'est rallié au couteau d'indien pour mieux le protéger. Quant aux peluches, si elles continuent à avoir parfois une grande activité nocturne, elles restent toutes au pied du lit. Sa maman traite enfin ses insomnies.

Mais une nuit, un fantôme est venu hanter la chambre des parents. Dans un demi-sommeil, la mère a entendu son mari chuchoter : « Ah non, ça ne va pas recommencer avec sa sœur, maintenant ! » Quelques minutes plus tard, chacun dormait, protégé par son ange gardien.

III

LES PIÈGES DE LA PROPRETÉ ET DE LA COMMUNICATION

LÉA

Timidité, inhibition, opposition, bégaiement, langage, apprentissage de la propreté.

Léa donne beaucoup de soucis à ses parents. Cette jolie petite fille blonde, aux traits fins, a plus de 3 ans et se retient d'aller à la selle dès qu'elle est à l'extérieur. À la maison, elle refuse aussi d'aller aux toilettes ou sur le pot, mais accepte de faire dans une couche. Lors de notre première rencontre, accompagnée de ses parents, je l'invite à communiquer, à jouer ou à dessiner. Pour toute réponse, elle garde le silence. Elle est très timide et ne m'a parlé qu'après plusieurs séances. Immobile et figée, les sourcils froncés, elle tire habilement la langue dans ma direction quand ses parents ne l'observent pas. Excédé par ce manège, son père se fâche et lui crie : « Léa, tu dépasses les limites, fais attention ! Tu arrêtes ça et tu sais que quand papa dit non, c'est non ! » C'est alors que j'entends une petite voix répondre avec calme : « Et moi, quand je dis oui, c'est oui. »

Dépitée et très tendue, la maman est en colère et au bord des larmes. Elle m'explique que cela se passe tout le temps ainsi et qu'elles ne se supportent plus. « Léa a du caractère. On ne sait plus si elle ne veut pas aller aux toilettes pour nous embêter, ou si elle a vraiment mal, comme elle le dit. Nous avons consulté des médecins et il n'y a aucun problème de santé. Elle a seulement un traitement pour éviter les "petits accidents" en classe parce qu'elle se retient parfois plusieurs jours. Les autres enfants se moquent d'elle quand cela arrive et elle se retrouve toute seule dans la cour de récréation. Sa maîtresse nous a surpris en disant qu'elle est plus que sage à l'école : elle ne l'entend jamais ! Alors qu'avec nous ce sont systématiquement des colères et des refus pour tout ! Pour lui choisir ses vêtements le matin ou lui préparer ses repas, ce sont des discussions à n'en plus finir et je n'arrive jamais à lui faire plaisir. La bataille est quotidienne et sans répit. J'en arrive à craquer. Je ne comprends pas du tout pourquoi elle est comme ça. »

Au début de l'année, Léa pleurait constamment à l'école. C'était sa première rentrée en maternelle mais, maintenant, elle refuse de faire ce que demande l'institutrice. La directrice a convoqué les parents parce qu'elle salit souvent sa culotte et garde toujours le silence. Elle a aussi remarqué que Léa parle mal et qu'elle reste toujours seule dans la cour de récréation. Elle leur a conseillé de voir un psychologue. Les parents de Léa m'ont expliqué qu'ils pensaient plutôt voir une orthophoniste parce qu'elle bégaie et parle peu à l'école. Pour la propreté, ils sont plus ennuyés qu'inquiets. Ils le prennent plutôt pour une épreuve de force, comme les autres comportements d'opposition de Léa. Ils n'avaient pas imaginé qu'un psychologue puisse les aider, puisque eux-mêmes n'arrivaient pas à lui faire entendre raison.

Cependant, l'annonce de l'inadaptation scolaire leur a fait prendre conscience que quelque chose leur avait échappé. Ils avaient envie de comprendre.

Analyse de la situation

Lors de ce premier entretien, les parents de Léa ont évoqué trois grands sujets qui alarment les adultes de son entourage. Tout d'abord, elle n'est pas encore propre. Ensuite, elle fait des colères et refuse tout. Pour finir, elle est timide, ne parle pas bien et n'a pas beaucoup d'échanges avec les autres enfants.

Premier piège : l'impatience

La scolarisation accroît l'inquiétude des parents du fait des perpétuelles et inévitables comparaisons avec les autres enfants. Le moindre décalage est mal vécu. Les parents de Léa veulent qu'elle s'adapte, grandisse et soit autonome. Ce désir est *a priori* légitime, sauf s'ils en concluent, à tort, qu'elle veut rester bébé. Car c'est ainsi qu'ils interprètent son comportement, comme un refus de grandir. Sa maman, qui subit au quotidien les refus de Léa, pense qu'ils sont dirigés contre elle. Elle vit cela comme un rapport de force et ne veut pas céder aux caprices. La volonté de Léa est la plus forte. Elle sort toujours vainqueur face à sa maman, impuissante et triste de constater la détérioration de leur relation. Le père se demande même si sa fille ne fait pas ces crises pour en tirer un bénéfice. En effet, après-coup, Léa vient se coller contre sa mère, cherche à l'embrasser et semble regretter ses actes.

Les parents ne perçoivent pas que Léa a aussi très envie de grandir. C'est ce qu'elle essaie de faire en imposant sa volonté. Elle cherche systématiquement à affirmer ses désirs. Ainsi, plus ses parents attendent d'elle une autonomie corporelle – être propre –, plus elle va chercher à imposer son autonomie mentale. Autrement dit, il ne s'agit pas d'un refus de grandir, mais bien au contraire d'une affirmation d'elle-même que l'on pourrait traduire ainsi : « C'est moi qui veux grandir, ce n'est pas toi. » Léa veut d'abord montrer qu'elle pense et commande son corps. Ses parents ne s'en rendent pas compte et continuent à agir à sa place, en voulant qu'elle leur obéisse. Ils ne trouvent plus ni patience ni possibilité de jeu pour permettre à Léa de s'approprier ce qu'ils attendent.

Le deuxième piège : cette opposition n'est pas un refus, mais une affirmation

Pour Léa, « non » ne signifie pas « non ». Traduisez plutôt : « Si je dis oui, c'est seulement parce que moi, je le veux bien. » Il y a un véritable malentendu entre Léa et ses parents : ces derniers pensent qu'elle s'oppose comme un enfant qui refuse l'autorité, alors qu'elle s'affirme, simplement. Quand elle dit « non » à une injonction d'adulte, ce n'est pas pour les ennuyer, mais pour revendiquer son autonomie à penser, à désirer : « Eh bien oui, moi aussi, je veux quelque chose, j'ai mes propres désirs. »

Léa est en fait incomprise. À son âge, ce qui compte, c'est de s'affirmer, peu importe la manière. Même en s'opposant à l'exigence de ses parents. C'est alors l'escalade ! Elle doit se faire entendre avec plus de force, tant que l'on ne prête pas attention à sa façon de résoudre les problèmes. Elle réagit pour se dégager de sa petite enfance, où tout était dirigé et pensé par sa mère. Elle s'approprie ainsi pour la première fois la maîtrise d'un besoin en dépossédant sa maman de son ingérence, autrefois indispensable. Elle veut pouvoir satisfaire par elle-même ses besoins. Elle a tenu bon jusqu'à ce que ses parents la comprennent, mais il a fallu un traducteur. La maman de Léa n'avait jamais eu de problème avec elle. C'était un bébé facile. Le sevrage et l'adaptation en crèche se sont passés sans difficulté. La crainte de la maman, lors de l'entrée à l'école maternelle, s'est fixée sur l'apprentissage de la propreté. Elle mettait toujours un point d'honneur à ce que Léa soit autonome et se sépare d'elle facilement. En réalité, Léa a fait exactement ce que sa mère lui demandait, en affirmant son désir d'autonomie avec fermeté.

Le point de vue psychologique

La période d'entrée à l'école maternelle est très importante : les enfants confirment leur autonomie en dehors de leur milieu familial. Les expériences motrices s'ouvrent vers l'extérieur, le langage explose et s'inscrit dans la communication. Toute cette expansion est dynamisée par la socialisation qui en constitue le tuteur principal. Tous ces axes interdépendants progressent simultanément. L'apprentissage de la propreté est l'une des préoccupations majeures des parents. Elle est considérée avant tout comme un critère d'autonomie et d'entrée à l'école maternelle.

Si ses expériences motrices et corporelles sont suffisamment riches, un enfant devient spontanément

LA PROPRETÉ : APPRENTISSAGE MUSCULAIRE OU PSYCHIQUE ?

Sur le plan moteur, cet apprentissage découle de l'expérience motrice et musculaire. Pour être propre, il faut qu'un enfant ait acquis la maîtrise de ses sphincters, laquelle ne sera possible que lorsque le système nerveux sera parvenu à maturité. En règle générale, la petite fille sera propre le jour vers 20 mois, et le petit garçon à partir de 25 mois. Cette différence est due au fait que, chez le garçon, l'appareil génital et l'appareil urinaire sont liés et qu'il confond longtemps érection et miction. La maîtrise des sphincters se met en place après la coordination motrice permettant la marche. Pour qu'un enfant soit propre, disait Françoise Dolto, il faut déjà qu'il soit capable de monter un escalier en ne posant qu'un seul pied par marche.

Si, pour l'entourage, l'accession à la propreté constitue un premier pas vers une plus grande indépendance de l'enfant, pour ce dernier, ce processus va bien plus loin que le simple fait d'être propre.

C'est avant tout au niveau psychique que l'apprentissage de la propreté va jouer un rôle fondamental.

Devenir propre n'est qu'un aspect d'une grande étape du développement psychique que l'on appelle le stade anal.

Lors de cette phase, l'émission de fèces symbolise le cadeau fait à l'adulte, surtout à la mère. À l'opposé, la rétention constitue, le plus souvent, une position agressive à son égard. Cela représente, selon Freud, la première forme d'opposition de l'enfant, son premier « non ! » Un « non » qui veut dire « c'est à moi » et « c'est moi qui décide ».

propre dans un climat rassurant et propice où le langage sert de vecteur aux échanges.

Dire « non » et être propre

Les enjeux psycho-affectifs liés à l'apprentissage de la propreté sont importants. Le fait de pouvoir contrôler la défécation devient, pour l'enfant, une façon de s'approprier son corps et, dans le même temps, de sortir de la relation fusionnelle initiale avec la mère. Le « non » est donc considéré comme un véritable organisateur psychique selon René Spitz[1].

C'est à travers le contrôle de ses sphincters que l'enfant entre progressivement dans un processus d'individuation qui lui permet de s'appréhender en tant que sujet, distinct et autonome. Cette étape, une fois bien franchie, ouvre la voie qui mène à la prochaine phase[2]. De nouveaux pièges y attendent les parents. Leur résolution complétera la construction de la personnalité.

Il devient donc évident que les difficultés de Léa proviennent d'une certaine immaturité. Du point de vue médical et moteur, elle n'a aucun problème, elle est tout à fait capable d'être propre. Elle ne s'est pas encore suffisamment appropriée cette fonction sphinctérienne. Ses colères et son refus sont plutôt un signe de bonne évolution. Elle s'affirme et se différencie de sa mère. Le côté brutal de son opposition est une réponse à l'incompréhension de ses parents qui n'ont plus aucune distance et ont perdu leur sens de l'humour.

---

1. Après le sourire et l'angoisse du huitième mois, le « non » est le troisième organisateur du psychisme que Spitz définit.
2. La période œdipienne, *cf.* chap. 5 et 6.

Pourquoi, à l'école, Léa est-elle en retrait ? Léa est une enfant timide, tout juste en voie de s'affirmer chez elle. Pour échanger avec les autres, il faut déjà se sentir différent. Léa attend des autres enfants qu'ils viennent vers elle, un peu comme cela se passe dans sa famille. Ayant peu la possibilité de prendre des initiatives, elle n'a pas particulièrement investi son langage. Quand les enfants communiquent bien et ont affirmé leur personnalité en toute sécurité avec leur parents, leurs rencontres avec les autres enfants se font naturellement, dans le bien-être et l'échange. Les interactions entre enfants accélèrent et enrichissent le langage et les expériences. Léa n'en profitera pas tant qu'elle se heurtera à l'opposition de ses parents !

Ne pas confondre timidité et inhibition Un enfant n'établit pas spontanément un contact avec une autre personne comme le ferait un adulte. Il peut se montrer réservé, rester à l'écart, refuser de parler ou de dire bonjour à un étranger ou même à un membre de la famille, simplement parce qu'il a besoin d'un temps d'adaptation plus long. Ce genre d'attitude est souvent dû à une timidité commune à beaucoup d'enfants. Elle devrait s'atténuer avec le début de la socialisation, c'est-à-dire à l'école maternelle et au début du primaire.

Léa bégaie-t-elle ? Les parents de Léa, avant de venir consulter un psychologue, pensaient plutôt voir un orthophoniste pour son langage. Ils s'inquiétaient plus du fait qu'elle parlait peu à l'école et qu'il lui arrivait de bégayer.

Son bégaiement n'est pas du tout pathologique et ce terme n'est pas exact en ce qui la concerne. Son léger défaut d'élocution provient plus de son envie de communiquer et de parler. Les mots se bousculent car ils commencent à s'organiser, alors que sa pensée est plus rapide. Loin d'être un problème, là aussi, c'est le signe que Léa commence à s'affirmer. Elle parle en son nom et elle a son mot à dire sur tout !

COMMENT SUPPORTER CETTE PHASE D'OPPOSITION ?

Autour de 3 ans, les enfants sont très fatigants pour leurs parents et leur laissent peu de disponibilité et de recul. Dommage, car la solution réside justement dans beaucoup de patience et d'humour !

Vouloir que son enfant grandisse ne se réduit pas à lui demander seulement des résultats, mais surtout à le laisser trouver ses propres moyens pour y arriver. Et ils sont pleins de détours surprenants !

Le langage prend tout son sens et se développe dans de longues négociations et l'art du compromis. Tout le monde doit y gagner : l'enfant doit pouvoir dire « non » pour la forme, ce qui ne l'empêche pas de dire « oui », sur le fond, à ses parents.

Les risques d'évolution pathologique

L'âge d'affirmation de soi est très dense du point de vue des apprentissages. Les risques touchent trois grands domaines en plein développement : les troubles du comportement (comme l'inhibition), du langage (comme le bégaiement) et de la propreté (l'énurésie et l'encoprésie[1]).

Pour les parents, il est difficile de les reconnaître, surtout chez le bébé. Si on les laisse s'installer, ils entraînent une souffrance psychologique, du fait de l'attitude volontiers moqueuse et dévalorisante, tant des autres enfants que de l'entourage. Même s'il arrive que l'enfant n'ait pas conscience de ses problèmes, il en souffrira tôt ou tard par le biais relationnel. Il exprimera alors son mal-être par des comportements inadaptés et divers : crises de colère, agitation psychomotrice ou au contraire repli sur soi excessif, désintérêt vis-à-vis de son environnement. Ces comportements sont autant de réponses de l'enfant à son sentiment de n'être ni entendu ni compris des autres.

Les difficultés d'adaptation que connaît l'enfant auront des conséquences sur le plan affectif et narcissique, mais également sur son développement intellectuel. Cela se traduit presque toujours par un manque de confiance en soi, une timidité excessive, un état d'anxiété, une lenteur manifeste. Cette dernière touche l'acquisition et l'intégration des apprentissages psychomoteurs et scolaires (l'enfant éprouve d'énormes difficultés à apprendre à lire ou à écrire, il a aussi du mal à discerner la droite de la gauche ou à se repérer dans l'espace). Il n'est pas rare, lors de problèmes scolaires en primaire, qu'il y ait eu dans la petite enfance des retards de langage

1. Termes définis p. 129. Les risques de cette période du « non » peuvent aussi, à l'inverse, donner des troubles du comportement (agressivité, morsures, instabilité, colères) qui sont souvent associés à un retard de langage important, voire son absence (*cf.* chap. 4, Kévin).

ou dans l'apprentissage de la propreté. Il est donc conseillé aux parents de ne pas attendre l'entrée au CP pour agir.

Il est important de signaler que ces problèmes, en plus accentués, peuvent être associés à des pathologies organiques ou neurologiques : surdité, mutité, infirmités motrices et cérébrales, déficiences intellectuelles, certaines formes d'autisme. D'où l'importance, dans tous les cas, d'un diagnostic précoce.

Un trouble du comportement : l'inhibition

Les manifestations de Léa sont des réactions plutôt saines à son âge. Elle s'affirme, s'approprie son corps et le langage. Elle commence à entrer en communication et a réussi à ce que ses parents se questionnent et s'intéressent au sens de ses paroles. Dans le cas contraire, Léa se serait renfermée sur elle-même, dans ses comportements coléreux.

Manifester son désaccord ou se replier sont les deux issues face à l'incompréhension et l'impossibilité de communiquer. Ces comportements peuvent évoluer en véritable pathologie.

Les principaux troubles du comportement comme l'inhibition, ou à l'inverse l'instabilité et l'agressivité, ainsi que les troubles du langage ou de la propreté, sont à distinguer des manifestations identiques, mais passagères et moins intenses, qui accompagnent l'étape d'affirmation.

Les petits signes suivants peuvent cacher une inhibition importante quand ils persistent :

- C'est un enfant trop sage, excessivement calme ;
- Il s'exprime peu ou ne parle pas ;

- Il n'est pas sûr de lui, il manque d'assurance, il n'ose pas ;
- Il faut toujours l'encourager et le pousser à faire quelque chose de nouveau ;
- Il a toujours l'air de s'ennuyer ;
- Quand un autre enfant lui prend ses jouets, il le laisse faire ;
- Il ne joue pas avec les autres enfants et vice-versa ;
- Il est d'une lenteur excessive dans ses actions ou lorsqu'il s'exprime oralement.

Inhibition ou enfant trop sage

L'inhibition est un trouble du comportement qui correspond à un blocage émotionnel de l'initiative. Chez l'enfant, ce trouble peut se manifester sur le plan corporel ou sur le plan psychique et entraîne toujours une souffrance liée à la conscience du phénomène.

Selon son intensité, l'inhibition est qualifiée de normale (légère) ou de pathologique (forte).

En règle générale, on parle d'inhibition « légère » lorsqu'un enfant présente une timidité excessive, une forte tendance à l'introversion et des signes répétés d'anxiété. L'inhibition « forte » est comparable à la dépression chez l'adulte. Dans ce cas, l'enfant manifeste une angoisse permanente, réagissant de façon phobique, en cherchant à éviter d'être confronté à certaines situations qui provoquent de l'anxiété. Il a également des difficultés d'élocution, de concentration et exerce un contrôle continu de ses émotions en ayant une attitude de retrait général et de repli sur soi.

Quelles sont les causes de l'inhibition ?

Elles sont souvent multiples. Chez l'enfant, ce trouble du comportement peut provenir d'un problème de communication avec l'entourage ou encore d'un état pathologique (anxiété, dépression ou phobie).

Tout comportement est une façon de communiquer. Lorsqu'un trouble du comportement se manifeste et persiste, c'est avant tout le symptôme d'un problème de communication.

Si, par exemple, un bébé ou un jeune enfant a la sensation de ne pas obtenir de réponse à une demande ou qu'il se heurte à une incompréhension de son entourage, faute de pouvoir traduire ses émotions avec des mots, il les exprime d'une autre façon à travers son comportement.

Dans le cas de l'inhibition, l'enfant signifie cette difficulté à communiquer en se repliant sur lui-même. Il s'enferme dans sa bulle, devient passif et indifférent à tout ce qui se situe à l'extérieur et, d'une certaine façon, il renonce à exister. Ce qui explique pourquoi, chez l'enfant souffrant d'inhibition, les moments de passivité alternent fréquemment avec des phases d'agitation ou des explosions de colère, car il a le sentiment de vivre une injustice et il a accumulé des frustrations.

Certains enfants exercent un contrôle délibéré, que l'on peut qualifier d'obsessionnel, sur leurs émotions et leurs désirs, pour se protéger eux-mêmes ou pour protéger leurs parents qui se révèlent fragiles ou irritables lorsque l'enfant les sollicite.

On a constaté des cas où des bébés apprenaient très vite à se débrouiller seuls et à être autonomes lorsque la mère souffrait d'une pathologie grave. Pour ne pas « déranger » leur mère, ces nourrissons en arrivaient à développer une forme d'inhibition protectrice.

Il se peut aussi que l'enfant éprouve une angoisse à l'idée de s'exprimer en public. La plupart du temps, cela provient d'expériences mal vécues ou d'une insuffisance de soutien de la part des parents ou de l'entourage.

LES SYMPTÔMES D'UNE INHIBITION SONT-ILS INQUIÉTANTS ?

Ils ne sont jamais anodins. Quel que soit son degré de gravité, l'inhibition est toujours le signe d'une souffrance et peut, notamment chez le bébé, masquer d'autres troubles comme un déficit psychomoteur, une dépression ou parfois même un autisme. De plus, un comportement inhibé a toujours des répercussions sur le plan relationnel. Il amène l'enfant à se replier sur lui-même, ce qui diminue ses interactions avec l'entourage et contribue à renforcer la crainte du contact et, de fait, amplifie l'inhibition.

À plus long terme, ces troubles peuvent affecter les processus intellectuels de l'enfant, augmenter le risque d'échec scolaire et également compromettre sa future vie relationnelle, affective et sociale.

L'inhibition est l'effet d'une angoisse que l'enfant tente de maintenir à distance. Elle peut donner lieu, dès l'adolescence, à des phobies diverses – notamment sociales – que l'on retrouve chez l'adulte et qui sont souvent invalidantes.

Ce trouble du comportement peut évoluer favorablement, à condition qu'il soit diagnostiqué tôt et traité de façon adéquate.

L'inhibition est donc un trouble du comportement qui, quelle que soit son intensité, perturbe la communication et s'associe souvent à des troubles du langage. Ces derniers en sont la conséquence, surtout quand l'inhibition est contemporaine de la mise en place du langage. C'est parfois l'inverse, un trouble de langage peut induire des problèmes de communication et par conséquent une inhibition. Il est donc important de différencier certains écarts « normaux » de la norme du développement du langage, des retards ou des troubles du langage plus profonds.

Le langage *Comment apprend-on à parler ?*

Le langage, par définition, est au centre de la relation. Françoise Dolto a insisté sur l'importance du langage et de la parole dans le processus de construction de l'enfant. La parole ne résout pas tout. Absente, elle est à l'origine de beaucoup de problèmes. Présente, elle permet de sortir de nombreux pièges.

Le langage n'est pas un outil comme les autres. L'humain diffère de l'animal par sa capacité à donner du sens à ses actes, ses pensées ou ses sentiments. Au contraire de l'animal, il est capable de symboliser. Selon Dolto, cette fonction symbolique[1] serait déjà là avant la naissance. Ce qui veut dire que les états émotifs de la mère, les voix, les positions corporelles auraient déjà une signification

1. Françoise Dolto a tellement mis l'accent sur l'importance du langage que toute une génération de parents a eu tendance à intellectualiser à l'excès la relation avec l'enfant. Ce qui n'était pas du tout le sens de son message.

pour le fœtus. D'où l'importance des échanges de langage avec l'enfant dès la vie intra-utérine.

Ce qui ne passe pas par le langage reste privé de sens

C'est par ces échanges de langage, au quotidien, que l'enfant se construit. Nous l'avons vu, notamment au moment du sevrage, le langage permet à l'enfant de sortir de la relation fusionnelle avec sa mère en instaurant un nouveau type de relation avec le monde extérieur. C'est par le langage que l'enfant parviendra à se différencier de sa mère, puis de l'autre, et à élaborer sa propre identité. C'est également par le langage qu'il fait passer ses expériences et ses sentiments. L'enfant a besoin de savoir que l'autre peut ressentir les mêmes émotions que lui. Les verbaliser lui donne la possibilité de partager ses constatations et d'entrer dans un processus de socialisation.

Comment un bébé apprend-il à parler ?

Pour nommer une chose, il faut en avoir une représentation mentale. Nous pensons à l'aide d'idées et d'images qui nous permettent de parler des choses absentes. C'est ce qu'on appelle l'abstraction. L'opposition linguistique, qui structure graduellement le langage, se fonde en premier lieu sur le couple présence / absence, parce que la première année de sa vie, l'enfant fait l'expérience de la présence et de l'absence de la mère, en jouant et en communiquant. La mère, par son attention, donnera à son enfant le sens d'autres oppositions linguistiques qui se lieront à la suite de la présence / absence. Par exemple, grâce à l'alternance des moments de veille et de sommeil instaurée par les soins maternels, le contraste jour et nuit est l'un des premiers signifiants sur lequel le langage et la pensée se construisent.

QUELQUES REPÈRES SUR L'ÉVOLUTION DU LANGAGE

À 1 mois : le bébé émet toute une série de cris « signaux » (cris de faim, de douleur, de plaisir) dans le but de faire réagir la mère qui parvient de manière progressive à les différencier et à les interpréter.
À 2 mois : le bébé commence à babiller et à émettre des sons plus ou moins articulés que l'on appelle des lallations (ce babillage de l'enfant est important et sert de repère : si l'enfant s'arrête de babiller entre 5 et 6 mois, c'est généralement un signe de surdité).
À 3 mois : le bébé ne sourit plus « aux anges » mais à la personne qui se trouve en face de lui. Ce sourire est une nouvelle étape car il indique le début de la socialisation, le désir de communiquer.
À 5 mois : les échanges verbaux s'intensifient, mais le langage reste encore de l'ordre d'une imitation des parents.
Entre 11 et 14 mois : le langage devient articulé. L'enfant prononce ses premiers mots (maman, papa, donne...).
À partir de 18 mois, l'évolution est très rapide.
Entre 20 et 24 mois : c'est l'apparition des premières phrases. Vers l'âge de 2 ans, l'enfant dispose d'environ deux cents mots.
Entre 2 et 3 ans : il commence à formuler de vraies phrases et à utiliser la syntaxe. Son vocabulaire compte environ mille cinq cents mots. L'entrée à la maternelle accélère le processus.
Vers l'âge de 4 ans : l'enfant doit normalement s'exprimer comme un adulte avec, bien sûr, un bagage lexical encore restreint.

De la même façon, l'alternance entre les tensions et les satisfactions corporelles (par exemple, j'ai faim – tension –, maman me donne le sein – apaisement –) introduit progressivement la notion de temps. C'est associé au vécu corporel du bébé que le contraste jour/nuit sera représenté en images et prendra sa signification.

Les troubles du langage

Qu'est-ce que le langage ?

C'est l'aspect conceptuel de la pensée. À savoir le rapport signifiant/signifié qui va permettre d'établir un lien entre des signes (le mot table), et des objets (l'objet table) ou des actions. Tout individu enrichit et augmente ainsi ses possibilités de communiquer avec les autres.

Chez le nourrisson, le langage est essentiellement émotionnel. Il est séparé, du moins au début, du sens et de la signification. C'est grâce aux réponses de la maman qui discerne les différents cris, que le sens est donné en retour au bébé. Plus l'échange avec la mère est stimulant, plus vite l'enfant acquiert la capacité d'utiliser ces signes, que l'on appelle la fonction sémiotique. À l'inverse, si ces échanges sont limités ou inexistants, parce que la mère est indisponible ou peu attentive aux sollicitations du bébé, cela a des conséquences sur la façon dont il intègre les fonctions symboliques nécessaires à l'acquisition du langage.

Quand peut-on considérer qu'il y a retard de langage ?

Il va de soi que certains enfants sont plus précoces que d'autres. Des décalages plus ou moins perceptibles dans l'acquisition du langage sont très courants. Jusqu'à l'âge de 2 ans, un retard de langage restera dans le domaine des variations de la normale, à condition qu'il soit isolé, c'est-à-dire qu'il ne s'accompagne d'aucun autre retard de développement.

Dans la plupart des cas, ce décalage se résout de lui-même, notamment quand l'enfant se retrouve en milieu scolaire, en compagnie d'autres enfants.

On ne pourra vraiment parler de retard de langage qu'au-delà de 3/4 ans. Les formes les plus fréquentes consistent principalement en des troubles du langage, de l'articulation verbale ou en des retards de parole.

Toutefois, ce n'est qu'à partir de 4 ans que ces troubles deviennent problématiques. S'ils ne sont pas décelés et traités rapidement, ils risquent de se structurer dans le temps et d'entraîner des séquelles graves. Par la suite, il peut apparaître un déficit manifeste du langage et de la parole qui auront inévitablement des répercussions sur l'apprentissage du langage écrit. Les difficultés scolaires seront bien sûr constamment présentes dans ces cas.

Il est important de souligner que ces troubles ne sont jamais isolés. Ils sont le plus souvent liés à des problèmes O.R.L. ou psychologiques : troubles de l'humeur, retards psychomoteurs, désordres comportementaux : phobies, insomnies, énurésie, encoprésie.

Qu'est-ce qu'un trouble du langage ?

Les troubles du langage résultent de dysfonctionnements complexes. Ceux-ci concernent les processus psychomoteurs sous-tendant l'articulation de la parole proprement dite, mais aussi les processus cérébraux qui permettent d'intégrer des mots, de les associer à des images[1].

L'origine peut être neurologique (altération de la parole liée à des lésions du système nerveux central), ou fonctionnelle (problèmes O.R.L., différents types de surdité, otites séreuses...) Cependant, ils peuvent aussi être causés par des facteurs environnementaux (carence affective due à des parents dépressifs ou absents, isolement socio-familial, abus sexuels, maltraitances, précarité économique du milieu). Les troubles du langage sont, dans ce cas, le signe de problèmes relationnels importants. Il est primordial de les diagnostiquer et d'en déterminer l'origine, car le traitement n'est pas le même selon son caractère organique ou psychogène. Ces problèmes de langage ont des conséquences importantes sur l'ensemble du développement affectif et social. Même de simples retards de langage peuvent se répercuter sur les apprentissages scolaires.

Un trouble de l'articulation va se traduire par une déformation de certains sons – en général le « l » ou le « r » – que l'enfant remplace par un son plus facile à prononcer ou encore supprime totalement de son langage.

Un retard de parole se manifeste différemment : l'enfant déforme des sons mais, cette fois, en fonction de leur place dans le mot : le « live » (livre), « l'arbe » (l'arbre), « la monte » (la montre). Cela ne signifie pas que l'enfant ne sait pas prononcer le son mais qu'il bute sur sa place dans le mot. Il lui sera plus facile de dire « crocrodile » que « crocodile ». Le retard de langage a trait essentiellement à l'agencement de la

1. *Cf.* la fonction symbolique p. 215.

phrase (mauvaise juxtaposition des mots, difficultés dans l'utilisation de la syntaxe). Parfois même, l'enfant ne parvient pas à s'exprimer par phrases et fonctionne exclusivement sur le mode des mots « valises » (où le mot remplace une phrase complète).

Chez certains enfants, il peut cependant arriver que les troubles du langage, de la parole et de l'articulation soient associés.

Il existe aussi des pathologies plus sévères du langage, comme la dyslexie ou la dysphasie[1]. Ils ne se manifesteront, en règle générale, que plus tard, entre 6 et 11 ans. La dyslexie est un trouble de l'apprentissage de la lecture[2] (l'enfant n'arrive pas à lire le mot et par conséquent à l'écrire). La dysphasie se manifeste par une désorganisation du langage oral qui peut toucher aussi l'écrit (l'enfant n'arrive pas à écrire le mot correspondant à l'objet qu'on lui désigne). Les origines de la dysphasie sont souvent indéterminées et n'ont, semble-t-il, aucune cause organique[3]. Même si l'enfant est intelligent, l'accès au langage est difficile. L'enfant aura des troubles de l'évocation, de l'organisation de la pensée, des difficultés dans les déductions, l'abstraction et la généralisation des apprentissages. Le diagnostic est difficile à poser avant 4 ans, mais trop tardif après 5 ans. Il est important d'intervenir avant la fin du développement de certaines zones du cerveau impliquées dans le langage.

La dysphasie s'associe souvent à la dyspraxie qui est un trouble du geste intentionnel. Il peut

---

1. Christophe-Loïc Gérard, *L'Enfant dysphasique, évaluation et rééducation*, De Bœck Université, 1993.
2. *Cf.* chap. 8.
3. Contrairement à l'aphasie qui est un trouble de la compréhension ou de l'expression du langage oral ou écrit, dû à une lésion cérébrale.

s'agir dans certains cas d'une dyspraxie bucco-faciale (l'enfant ne parvient pas à agencer convenablement la langue et les lèvres et n'arrive pas à prononcer certains sons) ou bien de ce qu'on appelle une dyspraxie constructive (l'enfant est incapable de construire une figure, par exemple une maison à l'aide de cubes). Cette forme de dyspraxie

QU'EST-CE QUE LE BÉGAIEMENT ?

Comme tous les troubles du langage, le bégaiement était considéré pathologique après l'âge de 4 ans, mais aujourd'hui, les spécialistes pensent que l'âge moyen d'apparition d'un vrai bégaiement est 3 ans et demi, les deux tiers survenant entre 3 et 7 ans. Selon Anne-Marie Simon[1], il faut intervenir le plus tôt possible quand ces signes accompagnent l'inquiétude des parents :

- Il y a une notion de lutte ou de tension pour parler.
- Une fréquence élevée des bégaiements, même s'il y a d'autres moments de fluence.

Ces enfants sont souvent hyperémotifs, sensibles, perfectionnistes, timides, anxieux. Leur humeur est variable. De petits troubles de la fluence du langage peuvent se chroniciser ou au contraire ne pas engendrer des bégaiements selon la compréhension de l'entourage. Une aide orthophonique et psychologique est nécessaire. Les parents devront toutefois rester vigilants dans les périodes difficiles ou les moments clés comme l'entrée au CP, l'adolescence...

1. Simon Anne-Marie, *Paroles de parents : prévention du bégaiement et des risques de chronicisation*, L'Ortho-édition, Isbergues, 1999.

peut aussi toucher d'autres domaines comme l'habillage (l'enfant est dans l'incapacité de s'habiller). Certaines dyspraxies peuvent être, dans certains cas bien spécifiques, des séquelles des grandes prématurités. Dans ce trouble du geste intentionnel, l'intention n'est pas suivie du bon effet, indépendamment de toute pathologie de la commande motrice ou d'une déficience intellectuelle. S'y associent tous les troubles liés à la construction et la perception spatiale, d'où les différentes constatations possibles comme : une attention labile, des cahiers très brouillons, des dessins pauvres, une dysgraphie, une lenteur de la lecture, une dysorthographie ou une dyscalculie. L'anxiété et les problèmes psychologiques sont presque toujours associés aux problèmes fonctionnels.

Un bégaiement peut être normal

Il peut arriver que certains enfants commencent à bégayer vers l'âge de 2 ans. La plupart du temps, l'apparition est due à l'impatience qu'a l'enfant de vouloir s'exprimer et à son envie pressante de communiquer. Il n'a pas encore acquis les capacités motrices lui permettant d'ordonner ses idées, d'organiser sa pensée. Par conséquent, ses mots ont tendance à se bousculer. Ces bégaiements, que l'on peut qualifier de physiologiques, disparaissent au bout de quelques mois.

Cependant, si les symptômes persistent ou si l'enfant manifeste des signes de souffrance, de tension ou de lutte lorsqu'il veut s'exprimer, il est préférable d'aller consulter un orthophoniste. Le bégaiement reste un trouble complexe. Il est souvent lié à un ensemble de dysfonctionnements nerveux. Il peut être aussi associé à d'autres troubles du langage (bredouillement, balbutiement ou troubles de l'articulation : chuintement, zézaiement, etc.). Les traitements uniquement de type orthophonique et articulatoire s'avèrent dans la plupart des cas insuffisants et doivent être appuyés par une psychothérapie.

Épilogue

Léa ne présentait pas de signes pathologiques ni de souffrance, mais une des lignes de son développement[1] *concernant l'autonomie montrait une petite immaturité. L'extension de ce décalage retenait toute la synergie existant entre la socialisation et le langage. Cependant, rien ne s'était structuré et Léa résistait. Elle continuait à s'affirmer comme le nécessitait son évolution. Nous étions donc dans une situation de piège classique. Ses parents ont réajusté rapidement leur comportement et pris un peu de recul. Lors de notre premier entretien, après la réponse de Léa à son père : « Quand je dis oui, c'est oui ! », sa mère m'a dit : « Vous voyez, quand elle est comme ça, je ne la supporte plus et je crains le pire quand elle aura 17 ans ! » Je n'ai pas pu retenir mon rire. Un tel malentendu devant une petite fille de 3 ans ! Elle tenait tête à deux adultes, dont*

1. La fille de Sigmund Freud a été, avec sa rivale Mélanie Klein, l'une des premières psychanalystes d'enfant. Elle comparait les différentes lignes de développement de l'enfant pour le situer entre normal et pathologique. *Cf.* Anna Freud, *Le Normal et le Pathologique chez l'enfant : évaluation du développement normal durant l'enfance, évaluation du pathologique*, Gallimard, 1968.

l'un dirigeait une entreprise de bâtiment, et l'autre était chef du personnel dans un service commercial ! J'ai donc expliqué à Léa qu'elle avait raison : quand elle disait « oui » cela voulait vraiment dire « oui », et il n'y avait qu'elle qui commandait son corps. Les adultes ne peuvent ni le vouloir ni le faire à sa place. Mais ses parents aussi ont raison de lui dire ce qui est bien pour grandir.

Le « jeu », qui avait disparu, s'est rétabli entre Léa et ses parents. La propreté et les colères ont cessé en huit jours, et son épanouissement à l'école a suivi, tout naturellement. Après quelques semaines, nous avons convenu que Léa reviendrait avant ses 4 ans pour nous assurer que tout s'est rébarmonisé progressivement, sans avoir engendré d'immaturité dans son développement.

IV

LES MORSURES DES PIÈGES

KÉVIN

Agressivité, morsures, colères, opposition,
retard de langage,
encoprésie, énurésie,
hyperactivité, instabilité.

J'entendais de l'autre côté du combiné des cris incessants qui m'indiquaient à quel point cette maman était débordée par son fils de 3 ans et demi. Elle n'arrivait pas à me dire deux mots de suite. Nous avons tout de même réussi à prendre notre premier rendez-vous. Je redoutais l'arrivée de Kévin et de sa maman, qui allaient me réserver encore bien des surprises. Un cyclone aurait été plus discret que ce couple mère-enfant, gesticulant et hurlant, qui s'est constitué en l'absence d'un père.

Ils sont arrivés en retard. La maman transpirait. Elle était très jeune et obèse. On pouvait deviner que Kévin était habillé avec goût, en faisant abstraction de l'état de saleté dans lequel il s'était manifestement mis en se roulant par terre. Des traînées sur son visage montraient qu'il avait essuyé ses larmes avec ses mains noires.

Kévin est totalement incompréhensible. Il n'arrive pas à se poser, ne serait-ce que pour prendre un jouet. Sa maman s'inquiète pour son langage, mais surtout de ce qui se passe à l'école maternelle. La directrice l'a alertée sur le comportement de Kévin et refuse de le garder l'après-midi. Si une amélioration n'intervient pas rapidement, il ne pourra plus rester à l'école. Hormis la propreté qui n'est pas acquise, Kévin est agité. Il agresse et mord les autres enfants, qui ont peur de lui. Beaucoup de parents se sont plaints et il a déjà une bien mauvaise réputation. Quant à la sieste de l'après-midi, elle pose d'énormes problèmes : il ne dort pas.

Inutile de préciser qu'il n'obéit pas du tout à sa maman et s'oppose à tout. Dans la rue ou dans les magasins, ses colères et ses crises ameutent tellement de monde que sa mère cède à tous ses caprices. Avant notre premier rendez-vous, elle a tenté de tenir bon à la boulangerie qui est juste en dessous de mon cabinet, en prévenant Kévin qu'elle me le répéterait. Je dois dire que j'avais été avisé de leur arrivée, avant même qu'ils ne sonnent, par les hurlements qui provenaient de la rue.

Je suis resté debout toute la première séance, pour essayer de contenir cette furie, devant une maman passive qui avait baissé les bras depuis longtemps. Nous avons dû interrompre notre entretien pour que sa mère change la couche pleine de son fils. J'étais certes soulagé de leur départ, mais surtout asphyxié, fatigué et rouge comme la maman lors de son arrivée. Ce scénario s'est répété pendant plusieurs semaines et je n'ai réussi à voir Kévin seul qu'en le séparant, avec bien du mal, des bras de sa mère. Des traces de ses coups de pied sur ma porte témoignent encore de ses colères.

Outre l'absence de père, il faut noter un autre point important dans leur histoire : le médecin a appris à la maman qu'elle était enceinte à l'occasion d'une consultation pour douleurs abdominales : il s'agissait en fait du déclenchement du travail et Kévin est né quelques heures après ! Sa mère ignorait qu'elle portait un enfant !

Afin d'arriver à parler avec la maman de Kévin, nous avons pris un rendez-vous sans lui. J'ai appris qu'elle suivait elle aussi une psychothérapie et avait eu des rapports très difficiles avec ses parents. Depuis son adolescence, elle vivait en alternance des périodes de boulimie et d'anorexie. Ses cycles hormonaux étaient perturbés et son poids pouvait varier de plus de vingt kilos en peu de temps. D'après elle, cela expliquait pourquoi elle n'avait « rien senti » de sa grossesse. Nourriture, sexualité, féminité et maternité se nouent dans une relation complexe et difficile. Ses liens avec les autres s'établissent avec facilité dans un rapport de soumission. Avec son fils, ils sont fusionnels. Cette maman ne laisse pas indifférent quand elle parle avec souffrance de sa culpabilité. Encore en partie dépendante de ses parents financièrement, elle a fini ses études et commencé à travailler. L'idée que Kévin soit exclu de l'école lui fait donc peur et risque d'avoir de lourdes conséquences : son autonomie et son travail sont menacés. Elle m'explique aussi avec sincérité son désarroi et sa difficulté à avoir une attitude constante avec son fils. Elle passe d'un extrême à l'autre, de la passivité à des réactions brutales. En me demandant de l'aider, elle conclut : « Je pense qu'il m'en veut d'avoir "zappé" une partie de son existence. Cela nous a manqué à tous les deux. »

Analyse de la situation

Cette histoire, peu banale, n'est pas rare non plus ! Je l'ai choisie car l'importance apparente des problèmes de Kévin et le comportement de sa maman se retrouvent lors de nombreuses consultations d'enfants de cet âge. L'histoire de Kévin permet de comprendre les enjeux et les pièges de cette période critique de l'enfance.

Résumons les problèmes de Kévin : il a des troubles du comportement – il est agressif, instable, coléreux et opposant –, il n'a pas acquis la propreté et il ne parle pas. Les difficultés d'adaptation sociale et scolaire n'en sont que des conséquences. Elles accentuent les troubles du comportement.

Le piège qui mord

À l'école, les autres enfants et leurs parents pensent que Kévin est méchant et agressif. Il est rejeté. Sa mère en souffre et se culpabilise encore plus. Pourtant, Kévin n'est pas un enfant violent. Bien que ces comportements portent à confusion, le fait de mordre à son âge est en fait un reste de sa petite enfance, de son oralité. Il ne faut pas oublier qu'il n'est pas entré dans le langage. Ses frustrations sont importantes, il veut les jouets des autres ou entrer en communication avec eux mais, sans langage, il échoue. Sans parole, la communication devient un problème. Les négociations, les échanges et les compromis sont impossibles à gérer. Le seul moyen pour Kévin de s'approprier les objets des autres, ou d'entrer en contact avec eux, reste la bouche. Il en est là. Il ne peut donc pas en être à l'apprentissage de la propreté. Chaque chose en son temps. Son agressivité est liée à l'absence de langage et son impulsivité au manque de maîtrise corporelle et musculaire. Il n'est ni méchant ni violent. Il n'en veut à personne. Mais interpréter ses morsures comme de la méchanceté introduit un jugement de valeur qui complique la communication. Son immaturité le décale par rapport aux autres et engendre d'office des malentendus douloureux. Le piège est tendu quand l'entourage ne considère plus que le comportement, sans se reporter au contexte et à sa signification. Les enfants gênants sont rejetés. Cette réaction de l'extérieur est compréhensible, mais elle augmente les frustrations et le sentiment de dévalorisation chez l'enfant et ses parents. Le moule social devient vite sévère pour Kévin qui n'a pas encore acquis les normes de la propreté et de la communication. Pourtant, Kévin va vers les autres, il aimerait bien jouer avec les enfants de son école mais, avec son corps maladroit, il ne sait pas se faire comprendre. En amont de ces pièges, nous voyons bien à quel point le langage est primordial, pour en sortir ou ne pas y entrer.

Le gigantesque piège de la culpabilité n'est pas rédempteur

Quel est le piège à l'origine de l'absence de langage et des troubles du comportement entre Kévin et sa mère ?

La maman n'arrive pas à énoncer et tenir des limites cohérentes. Dans les magasins, elle cède sous la pression extérieure. Chez elle aussi, les repères donnés à Kévin ne sont pas constants. Elle le laisse manger ce qu'il veut entre les repas, notamment des sucreries, il s'endort quand et où bon lui semble, c'est-à-dire avec elle. La télévision lui sert depuis longtemps de sédatif, quel que soit le programme. L'effet est immédiat. La maman de Kévin ne veut pas qu'il souffre de la moindre frustration. Pourtant, elle reconnaît qu'elle le surprotège, qu'il reste un « bébé » et que cela ne peut plus durer.

En voulant lui épargner des frustrations, elle l'a rendu dépendant d'elle, car il n'a pas appris à se réguler lui-même sur les plans alimentaire, du sommeil et de la maîtrise de son corps au sens large. Kévin n'a plus besoin de demander quoi que ce soit, puisque tout lui est dû. Avec les limites et les interdits flous et irréguliers posés par sa mère, son contrôle moteur n'a pu se stabiliser. Il est donc resté impulsif et approximatif. La maîtrise de ses sphincters ne peut pas se développer dans ces conditions-là.

Sur le plan relationnel, Kévin tente de prendre des distances avec sa mère et de « reprendre son corps en main » : lorsqu'il fait des colères, ce n'est donc pas pour obtenir des bonbons ou des jouets, qu'il n'utilisera d'ailleurs pas, mais plutôt pour s'opposer à elle et différencier ses désirs. C'est un appel : Kévin demande à sa mère des limites structurantes pour pouvoir grandir. Il veut avoir d'autres échanges, par la parole. Il ne demande en aucun cas qu'elle « lisse » sa vie de tout relief, sous prétexte qu'elle a été privée de grossesse.

Le piège s'est donc construit sur l'idée de réparer et de compenser chez Kévin le mal qu'elle imagine lui avoir fait : ne pas avoir pensé à son existence. En voulant se faire pardonner, la mère de Kévin est restée dans une communication non verbale qui a maintenu son enfant dans l'immaturité. Vus sous cet angle, tous les troubles de Kévin sont donc des tentatives de sortir de ce piège. Il sera indispensable de reparler avec Kévin et sa maman de ce temps de grossesse qui « manque ».

Le point de vue psychologique

L'histoire de Kévin montre bien l'enchaînement des pièges les uns aux autres. Il est donc important de distinguer les différents niveaux pour remonter à la source et agir sur le piège originel.

Tous les troubles, petits ou grands, sont des signaux de communication

Ceux-ci donnent des repères aux enfants et aux parents pour harmoniser leur relation. Les troubles s'accumulent et augmentent tant que l'on ne sort pas du piège initial. Qu'ils se présentent sous la forme d'une stagnation ou d'une régression, ils céderont dès que le piège sera déjoué. Ce sont donc des signaux d'alarme que produisent les enfants. Ils peuvent empêcher l'enfant d'évoluer vers de nouveaux apprentissages.

COMMENT SAVOIR SI UN ENFANT A UN TROUBLE DU COMPORTEMENT ?

Les troubles du comportement sont qualifiés d'excessifs et qui sont de nature à perturber l'intégration sociale de l'enfant ou son accès aux apprentissages.
Les trois principaux troubles du comportement sont l'inhibition, l'instabilité et l'agressivité. Entre une simple « tendance » et un trouble manifeste, l'intensité est

différente. La plupart du temps, il est facile de les déceler car ils sont « visibles » par l'entourage. Ils ont des incidences sur le comportement social de l'enfant.
Ces comportements expriment l'humeur sous-jacente de l'enfant. Leurs origines, significations et degré d'intensité sont variables. Ils peuvent également être la cause ou s'associer à d'autres troubles (de l'alimentation, du sommeil ou du langage). Ils doivent être diagnostiqués le plus tôt possible, car non seulement ils sont presque toujours le signe d'une souffrance, mais il n'est pas rare qu'ils évoluent en pathologie.

L'agressivité

Il arrive que l'on qualifie parfois les troubles de comportement de caractériels quand l'adaptation sociale, émotionnelle et relationnelle se trouve perturbée sans toutefois entrer dans une véritable pathologie. Dans ce cas, le terme « caractériel » s'appliquera plutôt aux enfants très agités, coléreux, voire agressifs.

Il convient de différencier deux formes d'agressivité : l'agressivité dite « normale » et l'agressivité incontrôlée[1].

L'agressivité dite « normale »

Certains enfants manifestent dès la crèche des comportements qu'on pourrait qualifier d'agressifs. Le fait qu'un enfant essaye de s'approprier un jouet ou « bouscule » les autres enfants n'est pas d'emblée un signe de pathologie. L'agressivité

1. *Cf.* p. 127.

entre jeunes enfants est liée à une impuissance à parler. Elle disparaît dès que l'enfant accède à une forme de langage (mimiques, mots).

En agissant de la sorte, ce que l'enfant cherche avant tout c'est à évaluer sa force, à se positionner par rapport aux autres. Cela devient pour lui une forme de « jeu ». La façon dont réagit l'entourage l'amène à comprendre très vite et à intégrer qu'il existe certains interdits et des règles à respecter. Utilisée à bon escient, l'agressivité s'avère un formidable moteur de développement, tant sur plan social qu'intellectuel, en apprenant à l'enfant à respecter l'autre et à se socialiser.

Il arrive aussi que cette agressivité soit dirigée vers l'un des parents. Le plus souvent, c'est vers la mère que se manifesteront ces tendances agressives. Rappelons que, pendant la première année, seule la mère était en mesure de satisfaire les besoins de l'enfant. En grandissant, elle devient en quelque sorte « inutile », puisque l'enfant prend conscience que désormais il peut les satisfaire tout seul. L'agressivité devient alors une façon pour lui de signifier son indépendance (l'adolescent adoptera le même comportement pour se détacher). C'est également un moyen de tester la résistance de l'adulte. Cette forme d'agressivité est très courante chez les enfants de 2 à 3 ans et finit par se canaliser d'elle-même au bout de quelques mois.

Les enfants qui mordent sont-ils agressifs ?

Dès que les premières dents apparaissent (vers l'âge de 6 mois) beaucoup de bébés se mettent à mordre tout ce qui leur tombe sous la dent, à commencer par leur

L'ODEUR MATERNELLE INFLUENCE-T-ELLE L'ATTACHEMENT ET L'AGRESSIVITÉ ?

On ne peut pas aborder le thème de l'agressivité sans indiquer les résultats concluants des travaux d'Hubert Montagner[1] :

La réassurance des enfants avec l'odeur de leur mère a un effet apaisant et diminue le nombre des agressions.

Il y a un rapport direct entre la quantité, la variation et la fréquence des gestes apaisants des mères et ceux de leurs enfants.

Les signaux chimiques olfactifs (les phéromones sont des hormones volatiles) agissent sur le cerveau affectif, sur l'adaptation, sur l'attachement, sur la mémorisation, les compétitions, l'agressivité et l'affectivité.

Les taux d'hormones du stress sont toujours plus élevés et irréguliers pour les enfants dominants par agression.

La qualité du lien avec la mère influe directement sur la qualité des liens sociaux et le phénomène de *leadership* (meneur suivi comme modèle).

---

1. Son mérite tient à son approche biologique et éthologique de l'agressivité et de l'attachement chez le petit en crèche à 2 ans et demi. Il met en relation l'agressivité des tout-petits avec d'autres facteurs et confirme l'importance de la qualité de la relation avec la mère. Un dispositif permet d'observer, dans une salle de jeu et pendant les repas, les relations spontanées (attraction, domination et *leadership*, imitation ou encore agression) entre enfants de 15 à 36 mois en crèche et de 3 à 4 ans en première année de maternelle. *Cf.* Hubert Montagner, « Les activités ludiques du jeune enfant ; jeu ou ontogenèse ? » *Vers l'éducation nouvelle.* Revue des centres d'entraînement aux méthodes d'éducation active, n° hors-série, *L'Activité ludique dans le développement psychomoteur et social des enfants.*

Les conséquences sont directes sur le développement du langage, de la communication, de la gestualité, du stress, du jeu, de la créativité et de la mémorisation.
La qualité du lien maternel est le « capital » que pourra exploiter l'enfant pour son développement :

- socialement pour se défendre et communiquer, intellectuellement pour les apprentissages,
- affectivement dans ses rapports aux autres,
- et pour ses activités ludiques et créatives.

mère. La morsure est pour l'enfant une tentative d'appropriation de l'autre ou de l'objet convoité, en l'occurrence la mère. Chez le bébé, ce n'est donc pas le signe d'une agressivité intentionnelle. Toutefois, si l'enfant continue à mordre trop longtemps, cela signifie qu'il ne parvient pas à sortir de sa relation fusionnelle avec la mère. Seule la parole de

L'APPRENTISSAGE DE LA PROPRETÉ EST-IL ASSOCIÉ À UNE ATTITUDE AGRESSIVE CHEZ L'ENFANT ?

Les tendances destructrices de l'enfant illustrent l'émergence des pulsions pendant cette phase de développement que Freud a nommé « stade anal ». Durant cette période, l'attitude de l'enfant peut osciller entre inhibition et impulsivité. Ces deux comportements sont moteurs (instabilité et agressivité) ou verbaux (gros mots). Chez certains enfants, cette agressivité est concomitante des incidents du contrôle sphinctérien ou des conduites énurétiques. Ces problèmes, qui peuvent survenir même chez des enfants ayant déjà acquis la propreté, sont assez fréquents lors de la phase anale et disparaissent au bout de quelques semaines.

l'adulte permettra à l'enfant de découvrir d'autres modes de communication (la mère, soutenue par la fonction paternelle, interdira les morsures qui font mal).

Les risques d'évolution pathologique

L'enfant qui ne tient pas en place

L'hyperactivité se caractérise principalement chez l'enfant par une succession ininterrompue d'activités. Les bébés hyperactifs sont des enfants qui ne tiennent pas en place. Ils agissent le plus souvent de manière impulsive et auront des difficultés à se contrôler, tant sur le plan moteur que sur le plan émotionnel. Tout ce qui est perçu par eux comme une contrainte est vécu comme une frustration et donne lieu soit à des colères soit à des caprices.

HYPERACTIF OU INSTABLE ?

Sur le plan psychique, une hyperactivité se traduit essentiellement par des troubles de la concentration, de l'attention et une dispersion des centres d'intérêt. Dans tous les cas, l'hyperactivité est toujours synonyme d'instabilité. C'est pourquoi on parle plus communément d'enfants *instables*. L'hyperactivité est un trouble du comportement qui se manifeste plus fréquemment chez le garçon que chez la fille.

À quoi reconnaît-on un jeune enfant hyperactif ?

- Il a du mal à s'endormir, se réveille fréquemment ou trop tôt.
- Il ne tient pas en place lorsqu'on le change ou l'habille.
- Il s'agite dans son bain.
- Il est toujours impatient, nerveux.
- Il pleure rapidement si le biberon tarde à arriver.
- Il jette fréquemment les objets au sol.
- Il refuse de rester assis dans sa poussette.
- C'est un véritable moulin à paroles.
- Il a commencé à marcher plus tôt que les autres enfants de son âge.
- Il ne vous laisse pas une seconde de répit et ne peut rester seul à rêver ou à jouer.

Tous ces comportements peuvent se manifester de façon isolée ou simultanée. Ils s'intensifient également sur la durée.

Quels sont les risques d'une hyperactivité chez l'enfant ?

Une hyperactivité chez l'enfant entraîne toujours en premier lieu des problèmes relationnels, pour l'enfant et son entourage (autres enfants, proches, enseignants).

Du fait de son comportement, l'enfant hyperactif est souvent qualifié, à tort, d'enfant agressif, parce qu'il est trop impulsif ou a du mal à se contrôler sur le plan physique. On dit très souvent de lui que c'est un enfant « dur », « turbulent », « épuisant ». Comme il a du mal à accepter toute contrainte, il n'est pas rare qu'il devienne un véritable petit « tyran » pour son entourage. Tous ces facteurs entraînent vite une attitude de rejet de la part des autres. D'où des difficultés pour l'enfant à s'intégrer, que ce soit en famille, à la crèche ou plus tard en milieu scolaire.

QUELLES ERREURS PEUT-ON COMMETTRE AVEC UN ENFANT HYPERACTIF ?

Il est important de bien comprendre que l'hyperactivité est avant tout un débordement de motricité pulsionnelle que l'enfant ne parvient pas à canaliser. On la constate en général chez des enfants qui, avec leur mère, n'ont pas pu, ou su, passer au langage. Ils en sont restés aux rapports corporels de la petite enfance. Ils ne savent pas traduire leurs émotions ou leurs désirs autrement que par le corps. L'erreur consiste le plus souvent à penser que ces enfants ont besoin d'occupations, de stimulations pour « nourrir » une vitalité hors du commun. Or, une sur-stimulation ne peut qu'accentuer le phénomène d'instabilité. Contrairement à une idée préconçue, l'hyperactivité n'est pas un signe spécifique de précocité ou d'intelligence, même si l'inverse peut être vrai (beaucoup d'enfants précoces le sont).

L'enfant hyperactif a besoin, au contraire, qu'on lui apprenne à contrôler cette énergie. Et cela ne peut se faire que si son entourage, en premier lieu ses parents, lui impose des limites. Interdire ou réprimer, de manière juste, expliquée et adaptée aux exigences de la réalité, peut engendrer dans un premier temps un sentiment de frustration chez l'enfant mais, progressivement, cela lui donne la possibilité de canaliser et de construire ses propres repères dans l'espace et dans le temps. Faire preuve d'autorité ne peut donc être que rassurant et bénéfique pour l'enfant.

L'hyperactivité peut également avoir des conséquences sur le plan cognitif, c'est-à-dire sur les capacités intellectuelles. L'enfant hyperactif a presque toujours des difficultés à se concentrer et à aller au bout de ce qu'il entreprend. Cela se traduit principalement par des problèmes d'attention en classe, un manque de persévérance et des difficultés d'apprentissage. Autant de signes qui, s'ils ne sont pas repérés très tôt, seront la cause d'un échec scolaire.

Néanmoins, dans la majorité des cas, l'hyperactivité chez le très jeune enfant diminue avec le temps mais laisse des séquelles psychiques, cognitives ou affectives que l'on risque de retrouver plus tard dans des pathologies structurées chez le sujet adulte.

L'enfant violent L'agressivité est caractérisée par une tendance à nuire ou à s'en prendre à toute personne (ou objet) qui empêcherait une satisfaction immédiate à un désir. L'agressivité pathologique peut provenir soit d'un facteur hormonal (la testostérone, ce qui explique pourquoi elle est plus fréquente chez les garçons), soit de facteurs environnementaux (violence familiale, sociale, modèles parentaux). Un comportement agressif peut aussi résulter de l'incapacité de l'enfant à gérer les frustrations.

L'agressivité incontrôlée Contrairement à une agressivité passagère ou ponctuelle, l'agressivité pathologique se manifeste de façon incontrôlée, dans la durée, en devenant très vite un mode de réaction et de comportement prédominant chez l'enfant.

Chez le petit enfant, une agressivité poussée est le signe d'une incapacité à gérer la frustration, une forme de « catharsis » qui décharge d'une pression intérieure *émotionnelle*. Ressentie par l'enfant et ne pouvant s'exprimer par la parole, cette tension choisit donc par défaut la *voie motrice*, c'est-à-dire celle du corps.

Face à tout ce qui est perçu comme une frustration, l'enfant réagit avec violence, soit par des pleurs ou des colères excessives, soit par des gestes – par exemple en brisant des objets, en les jetant à terre ou en frappant sa mère. Tous ces comportements sont alors une façon de manifester sa souffrance, de se libérer de cette pression intérieure.

Les difficultés de l'enfant à gérer cette tension peuvent aussi s'exprimer sur le terrain de la propreté, donnant lieu parfois à des conduites énurétiques ou encoprétiques (manque de contrôle des sphincters et du contrôle moteur dans son ensemble). Dans certains cas, l'enfant s'efforce en permanence de contrôler son agressivité. Cette dernière ne pouvant se décharger à l'extérieur, il adopte une forme d'inhibition et se rabat vers des conduites autoagressives comme l'onychophagie (il prend l'habitude de se ronger les ongles) ou exprime sa souffrance par des tics ou même un bégaiement.

Il est important de savoir que ces enfants ont conscience de leur état et éprouvent toujours un fort sentiment de culpabilité, même s'ils ne le laissent pas paraître. D'où la nécessité d'une prise en charge thérapeutique précoce, d'autant que les conséquences peuvent être dramatiques et briser toute possibilité d'insertion sociale ultérieure.

Comme tout autre trouble du comportement, s'il est pathologique, l'agressivité risque d'entraîner des difficultés relationnelles tant sur le plan familial que social. Elle peut avoir des répercussions sur le développement du langage (appauvrissement du vocabulaire, insuffisance du pouvoir d'abstraction et de la symbolique, emploi de mots simples), de même que sur la communication non-verbale (pauvreté gestuelle, corps et visage figés).

Sur le plan comportemental, ces enfants sont souvent caractérisés par la persistance d'interactions typiques du stade anal se traduisant par une immaturité psycho-affective. L'agressivité peut induire également chez l'enfant un manque de confiance en soi, une tendance à l'auto-dépréciation qui peut faire de lui, à terme, un candidat potentiel à l'échec qu'il soit d'ordre scolaire, sentimental, social ou professionnel.

Les troubles de la propreté : l'énurésie et l'encoprésie

Quand parle-t-on de troubles de la propreté ?

Les troubles de la propreté prennent aussi leur source autour de cette période d'affirmation de soi. Ils peuvent signaler une souffrance ou une immaturité importante, selon le contexte, leur fréquence, la présence d'autres signes. Quand la survenue n'est que passagère, elle indique simplement une régression temporaire et normale, ou une réaction à un événement qu'il faut prendre en compte, en banalisant « l'accident » lui même.

QUELS SONT LES TROUBLES DE LA PROPRETÉ ?

L'énurésie est une miction incontrôlée persistante ou réapparaissant après un âge où le contrôle sphinctérien est d'ordinaire acquis (à environ 2 ans). Elle se produit essentiellement durant le sommeil. Selon la date d'apparition, on parlera d'énurésie primaire (l'enfant n'a jamais été propre) ou secondaire (il a été propre et ne l'est plus). Dans la plupart des cas, les conduites énurétiques sont consécutives à un facteur déclenchant, ou associées à d'autres troubles psychiques. On constate souvent chez l'enfant énurétique une dépendance affective aux parents et une certaine forme d'agressivité. L'énurésie se manifeste davantage chez les garçons que les filles. En règle générale, la fréquence décroît avec l'âge. Ce symptôme disparaît au plus tard à la puberté. Il ne persiste que dans de rares cas jusqu'à l'âge adulte.

L'encoprésie est le terme qui qualifie une incontinence des matières fécales chez un enfant ayant normalement atteint l'âge de la propreté (après 2 ans). Cette incontinence se produit surtout durant la journée et peut s'associer à une énurésie nocturne. Généralement bénigne, l'encoprésie reste gênante car elle alterne le plus souvent avec des périodes de rétention, voire même de constipation. Ce symptôme est lié soit à un retard de maturation, soit à une régression de l'enfant. À l'origine, on retrouve parfois une phobie de la défécation qui s'exprime par la rétention des matières fécales. Une encoprésie est dans certains cas considérée comme grave lorsqu'elle est rattachée à une inhibition motrice ou à un trouble important de la personnalité.

Une action thérapeutique associant parents et enfant permet une guérison rapide. Elle évite d'amplifier les aspects secondaires – relationnel et social – qui handicapent toujours l'enfant souffrant d'énurésie ou d'encoprésie.

L'enfant encoprétique

Quelles que soient les méthodes employées, il est impossible de forcer un enfant à être propre. Les menaces, le chantage, ou toute autre forme de coercition sont inefficaces dans ce domaine. Tous les parents en ont fait l'expérience à leurs dépens. De plus, le « dressage » à la propreté peut quelquefois se révéler lourd de conséquences. En devenant propre trop tôt, souvent pour faire plaisir à la mère, l'enfant se soumet à un modèle imposé par l'adulte. Cela retarde l'acquisition de son autonomie et ses capacités d'adaptation, tant sur le plan affectif qu'environnemental. Il risque, en grandissant, de rejouer le même schéma de soumission dans ses relations futures. Cela peut également amener l'enfant à éprouver du plaisir en usant de sa capacité de rétention ou de défécation. Suivant les situations et les personnes, il en jouera pour plaire ou déplaire à l'adulte (selon l'expression consacrée : « emmerder » l'autre). Certains enfants, que les parents ou l'entourage ont forcés à être propres, peuvent même en arriver à déféquer et à uriner à heures fixes, selon un rythme totalement artificiel. Dans tous les cas, l'enfant n'aura acquis qu'une pseudo-propreté qui ne durera pas. En recherchant une propreté précoce, les parents oublient qu'ils donnent ainsi beaucoup trop d'importance aux excréments. Ils les valorisent encore davantage aux yeux de l'enfant. Cette attitude n'est pas sans conséquences à l'âge adulte. La région uro-génito-anale peut être aussi associée à l'idée de « caca ». Ce rapprochement risque d'induire chez l'enfant l'idée de saleté concernant toute activité génitale et donner lieu, plus tard, à des conduites obsessionnelles ou à des troubles de la sexualité chez l'adolescent et l'adulte.

Quelle est la bonne attitude ? Il est préférable de s'interroger sur les raisons qui bloquent ces étapes plutôt que de contraindre l'enfant à acquérir une propreté forcée. Les retards dans l'acquisition de la propreté sont souvent causés par des facteurs environnementaux ou familiaux (naissance d'un frère ou d'une sœur, deuil, déménagement, changement de « nounou » ou de lieu de garde), ou bien affectifs (dépression de l'un des parents, séparation, maltraitance, atmosphère familiale défavorable, etc.). Ils peuvent également s'inscrire dans un continuum d'autres retards (du langage, du sommeil ou psychomoteurs), ou être associés à des troubles du comportement. Une prise en charge psychologique précoce est dans ces cas indispensable si l'on veut prévenir les risques éventuels d'immaturité psycho-affective.

Un trouble du comportement est toujours le signe d'un problème de communication et d'une souffrance de l'enfant. Il est difficile, lorsque l'on est parent, de prendre la pleine mesure de ces soucis et de leurs conséquences. Beaucoup attendent que l'enfant ait des problèmes de scolarité pour réagir. En cas de doute, il ne faut donc pas hésiter à consulter un psychologue qui évaluera ces troubles, leur persistance et les replacera dans leur contexte relationnel, réactionnel ou organique.

Épilogue

La maman de Kévin avait déjà entrepris pour elle-même une psychothérapie afin de comprendre pourquoi tous ces événements étaient arrivés. Cette première prise de distance a beaucoup aidé son fils. C'est ainsi que ses séances avec moi ont débuté. Malgré une phase difficile autour de la séparation physique et psychique avec sa mère, au bout de quelque temps Kévin a pu s'investir dans notre relation et jouer[1]*. Les premiers effets se sont opérés à l'école, où les morsures et l'impulsivité ont vite fait place à une intégration parmi les autres enfants. Progressivement, Kévin s'est mis à parler. Au bout de trois mois, il est devenu propre et sa scolarité s'est normalisée comme celle de tous les autres enfants de son âge. Il demeure néanmoins une immaturité du point de vue des apprentissages, mais aussi du point de vue affectif. Cela signifie que sa maman et lui sont sortis des pièges qui s'étaient tendus autour d'eux mais qu'un vrai travail d'aide reste encore à faire. Conjointement à la psychothérapie, nous avons mis en place des séances d'orthophonie pour soutenir le développement du langage et des pré-apprentissages scolaires. Les progrès de Kévin, bien qu'entrecoupés de régressions passagères, tendent vers une réharmonisation. L'évolution, spectaculaire au début, s'est ensuite ralentie. L'approfondissement est toujours plus long. Malheureusement, la maman a interrompu notre relation.*

Il est encore trop tôt pour savoir s'il aura eu le temps de se reprendre suffisamment en main. L'absence de père sera sans doute une réalité compliquée à vivre car, entre 4 et 6 ans, l'identification à

---

1. Parmi les psychanalystes d'enfants, Donald W. Winnicott s'est particulièrement attaché à montrer l'importance du jeu pour le développement d'un enfant et l'utilité de son rôle dans les psychothérapies. *Cf. La Petite « Piggle ». Traitement psychanalytique d'une petite fille*, Payot, 1980.

la figure paternelle a toute son importance pour un garçon (c'est l'œdipe). Cette prochaine étape critique mettra à nouveau en jeu le bon développement de la personnalité de Kévin. Son passage en CP et son avenir scolaire en dépendront.

V

LA MORT ET SES PIÈGES

JÉRÉMIE

Mort, non-dits, sexualité,
œdipe, contes de fées.

Au moment où j'ai ouvert la porte de la salle d'attente, le silence qui y régnait m'a glacé. Jérémie et ses parents se tenaient immobiles, comme figés. L'atmosphère était différente de celle qui prévaut d'ordinaire lors d'une consultation d'enfant. En ce mois de mai, la grisaille de leurs vêtements contrastait avec le divan violet et les coussins verts de mon bureau.

Sur un ton grave et contenu, la maman a évoqué les raisons de la visite : « À 5 ans et demi, Jérémie achève sa dernière année de maternelle. Il a des problèmes d'intégration et, de ce fait, n'a aucun ami. Il est extrêmement lent et a des difficultés en graphisme. Il n'arrive pas à former les lettres correctement, pas même celles de son prénom. Depuis sa deuxième année de maternelle, Jérémie fait à nouveau pipi dans sa culotte, mais seulement dans la journée. Cela nous inquiète d'autant que, dans trois mois et demi, il entrera en CP. C'est une classe essentielle et nous craignons qu'il ne se retrouve en situation d'échec scolaire et en difficulté dans ses rapports avec ses camarades. »

Ses problèmes ont commencé à la naissance de sa sœur : il avait alors 4 ans. Ses parents ne savaient pas comment réagir.

Je demande à Jérémie quel est le prénom de sa sœur et si elle l'embête : « J'ai deux sœurs. La plus grande est morte, elle s'appelait Elsa, et ma petite sœur c'est Myriam, elle casse tous mes jouets et elle crie. »

Le papa m'explique : « Jérémie a eu une sœur aînée qu'il n'a pas connue, car elle est décédée quelques jours après la naissance, de la mort subite du nourrisson. Nous lui en avons toujours parlé et cela ne lui a jamais posé de problème. Cela a eu lieu trois ans avant sa naissance et, même si cette épreuve a été terrible, nous en avons fait le deuil. Nous ne le lui avons jamais caché. Nous avons tout fait pour qu'il ne soit pas atteint par cet événement. Bien que cela reste difficile pour nous, nous sommes aujourd'hui sereins. Ses difficultés nous semblent plutôt liées à la naissance de sa petite sœur, qu'il n'a pas bien acceptée. Avant, il n'avait pas ces problèmes, et puis il exprime bien ses sentiments. D'ailleurs, il nous dit souvent qu'il est triste pour Elsa. »

Après quelques entretiens en tête-à-tête avec Jérémie, ce n'est pas mon avis. Lui, trouve difficile d'avoir eu une sœur morte. S'exprimer sur son mal-être lui a permis de se métamorphoser très rapidement.

La mort d'un enfant est probablement la blessure la plus douloureuse et la plus profonde que puisse subir un parent. Une blessure qui restera toujours ouverte. Ceux de Jérémie, conscients de leur chagrin, savent qu'ils n'ont pas fini leur travail de deuil et qu'ils n'en viendront peut-être jamais à bout. L'un après l'autre, ils ont parlé d'Elsa, avec intelligence et amour.

Elsa a été incinérée, puis ses cendres ont été dispersées dans la mer. Leur décision a été courageuse et ils ne la regrettent pas, même si leurs relations sont devenues conflictuelles avec les quatre grands-parents de Jérémie qui n'ont jamais accepté cet acte.

Jérémie accomplit des progrès dès les premières semaines, mais sa maman me fait part d'une nouvelle inquiétude : « Depuis quelque temps, il se plaint de cauchemars, et surtout, il parle souvent de la mort : nous craignons qu'il ne devienne dépressif. Il nous demande souvent quand son père et moi allons mourir, ou si nous serions tristes si sa sœur et lui disparaissaient. Mon mari se demande si la psychothérapie ne le fragilise pas et s'il ne faudrait pas employer une autre méthode, ou que vous lui parliez d'autre chose. »

Nous prenons donc un rendez-vous entre adultes, car ces signes de progrès, évidents pour moi, nécessitent quelques explications pour ces parents légitimement déroutés !

Analyse de la situation

Jérémie présente, depuis la naissance de sa petite sœur, une énurésie[1] secondaire et diurne. Il ne s'intègre pas bien auprès des autres enfants. Il est lent et n'assimile pas les préapprentissages scolaires.

---

1. *Cf.* p. 129.

Premier piège : une vraie réaction, une fausse jalousie. Jérémie a-t-il bien compris la mort d'Elsa ?

Les parents de Jérémie ont interprété ses troubles en les attribuant à une régression, liée à sa jalousie envers sa sœur. « Nous avons pensé que c'était pour que l'on s'occupe davantage de lui. Nous lui avons donc prêté plus d'attention, mais cela n'a rien changé. »

S'il est vrai que la naissance de sa sœur a coïncidé avec l'énurésie de Jérémie, c'est surtout en tant qu'élément déclencheur, rappelant le décès de la sœur aînée. Le souvenir et l'angoisse ont été réactivés chez les parents, et par conséquent chez Jérémie, d'autant qu'il s'agissait à nouveau d'une fille. Sa régression et ses difficultés sont liées à l'histoire de sa sœur aînée. Un événement vient souvent en rappeler d'autres, différents. C'est l'occasion de laisser les enfants parler librement de leurs souvenirs ou d'autres questions qui s'y associent. Les parents de Jérémie, étant sûrs d'avoir bien parlé de ce décès, ne lui ont pas laissé la possibilité de s'exprimer lui-même sur ce sujet. Comme si le présent seul pouvait préoccuper leur fils.

Ils se sont fait piéger en lui parlant d'Elsa, de sa mort et de leur tristesse, mais pas de ce qu'elle était « devenue ». De son côté, Jérémie ne posait pas de questions précises. Résultat, il ne progresse pas en autonomie, n'arrive pas à investir l'écriture et reste dans une position régressive.

Chez cet enfant, les sentiments sont confus, les idées de mort, de séparation, d'autonomie, de disparition sont elles aussi brouillées. Pourquoi affiche-t-il cette tristesse alors qu'il n'a pas connu sa sœur aînée ? Il a besoin de différencier ses émotions de celles de ses parents. Aussi, je lui ai dit : « Jérémie, tu n'as pas connu ta sœur : tu ne peux pas vraiment être peiné de sa mort. Tu es peut-être triste parce que tes parents le sont encore. Tu ne peux pas les consoler en faisant croire que toi aussi tu l'es. Ton travail d'enfant, c'est de grandir et de t'occuper de ta vie, d'apprendre à diriger ton corps, ta vessie, ta main qui écrit et de te faire des copains pour t'amuser. »

Cette première étape nous a permis de parler de ses cauchemars, de ce qu'il savait de la mort de sa sœur, ou de ce qu'il en avait compris. Il a fallu l'aider à se représenter ce que ses parents n'arrivaient pas à symboliser : la mort d'Elsa. Avec confiance, ils ont accepté de reprendre les questions qu'ils croyaient réglées. En fait, ne comprenant pas le mot « incinérer », il a cru que le corps de sa sœur avait été jeté à la mer. Et les cauchemars de Jérémie se sont peuplés de requins, dans lesquels il se faisait dévorer par des monstres. L'idée qu'elle avait été dévorée le terrorisait. Sur ce point, les explications de ses parents étaient restées imprécises. Ils avaient « oublié » d'évoquer la crémation. En présence de ses parents, je lui ai donné mes explications, très simplement : « Jérémie, tes parents ont choisi de ne pas enterrer ta sœur, ils l'ont fait incinérer, cela veut dire que son corps a été brûlé. Ensuite, il ne restait que des cendres, ils les ont dispersées dans la mer. Il n'y a pas de tombe, ni aucune trace. »

Ce moment douloureux de l'incinération avait pourtant été évoqué plusieurs fois par les parents, mais leurs explications abstraites ne passaient pas. Jérémie avait besoin de se représenter l'existence de sa sœur puis sa mort par une trace, une sépulture, une photo.

Les parents étaient très mal à l'aise, ne sachant pas comment expliquer l'incinération, par ailleurs très mal vécue par les grands-parents. Ils étaient immobilisés par leur culpabilité devant le jugement moral de leurs propres parents. Devant ce mot tabou, Jérémie pensait, en fait, qu'il était interdit d'en demander la signification. Ses parents n'ont jamais pensé que, dans d'autres pays, des millions d'hommes et de femmes pratiquent ce rituel de manière digne et sacrée. Après cette séance, ils se sont rendus à une conférence sur l'hindouisme. La même semaine, les parents ont présenté à Jérémie leur livret de famille pour lui montrer les inscriptions concernant Elsa : son nom, ses dates de naissance et de décès. Ces deux événements ont constitué une avancée importante dans la symbolisation de la disparition d'Elsa.

La difficulté à se représenter sa mort et à en parler avait induit chez Jérémie l'inhibition d'un autre système de représentation plus élaboré : l'écriture.

FACE À UN ÉVÉNEMENT DOULOUREUX, QUEL COMPROMIS TROUVER ENTRE LA NÉCESSITÉ DE DIRE AUX ENFANTS ET L'IMPOSSIBILITÉ D'EN PARLER ?

Les parents doivent respecter leurs limites émotionnelles, mais aussi les besoins de leurs enfants. Ce n'est pas incompatible !

Par exemple, tant que des parents sont trop tristes pour parler d'un événement douloureux, ils peuvent charger d'autres adultes de le faire. Ils respectent ainsi leur sentiment et évitent que leur silence ne soit interprété par l'enfant comme un interdit.

Deuxième piège, évoquer la mort est-il un signe de dépression ? L'imaginaire de Jérémie est entravé. Il ne peut pas dissocier les idées de mort, de séparation et d'agressivité, de la mort réelle d'Elsa. Il ne peut pas « jouer » avec les fantasmes, normaux à son âge : ceux-ci le renvoient trop à une réalité pesante. Ses scénarios imaginaires enfantins devenaient donc « dangereux ». Ils se télescopaient avec son histoire réelle, sans différenciation.

La mort imaginée est fondamentalement différente de la mort réelle. Les enfants de l'âge de Jérémie imaginent la mort des personnes qu'ils aiment. Généralement, ils en parlent et surmontent leurs inquiétudes. Ce travail psychique est structurant et n'a rien à voir avec une dépression. Il est nécessaire à la construction de la personnalité. C'est pourquoi les questions de Jérémie sur l'éventuelle mort de ses parents lui ont permis de progresser dans son autonomie. Il a enfin mis une distance entre ses fantasmes et la réalité. Le jeu imaginaire est un espace de liberté, privé, où tout est possible sans risque. Il favorise l'adaptation à la réalité, qui est plus frustrante. Il faut savoir jouer en soi-même sans crainte, avant de pouvoir jouer avec les autres.

Loin d'être dépressif, Jérémie pouvait s'imaginer vivre séparément de ses parents (morts ou simplement absents). Et ceux-ci ont survécu à ses scénarios meurtriers ! En ayant obtenu le mot de la fin sur l'histoire de sa sœur, Jérémie a franchi une étape normale de son développement. Il n'arrivait pas à dépasser le fameux complexe d'Œdipe, qui est en fait une autre affaire de séparation.

Le point de vue psychologique

Les enfants et la mort

Entre 4 et 6 ans, l'imaginaire s'enrichit de ce que la psychanalyse a appelé les fantasmes œdipiens. Ils surgissent, s'imposent et appellent les enfants, parfois déroutés, à poser des questions, notamment autour de la mort, ce qui suscite l'inquiétude des parents. Leur formulation est souvent crue : « Grand-père il est où ? Pourquoi est-il mort ? Qu'est-ce qui lui est arrivé ? Il m'entend ? Il me voit ? C'est un squelette maintenant ? Où elle est sa peau ? Tu vas mourir aussi ? Et moi ?... »

Comment répondre ?

Faut-il éviter de répondre directement à ces questions, de se souvenir et de parler de ceux qui sont morts ? Les parents ont souvent très peur d'en parler parce que leurs enfants sont encore petits. Ils ne veulent pas les rendre tristes ni les choquer. Est-ce justifié ? Est-ce structurant de les protéger de cette réalité ? Emmener un enfant au cimetière pour un enterrement, est-ce mauvais pour lui ? Que faire si l'un des deux parents est très triste à la suite d'un deuil et ne peut pas du tout en parler à l'enfant ?

Dans tous ces cas, il n'y a pas de bonne ou de mauvaise réponse, mais il est important d'en donner une, même si elle est incomplète ou insatisfaisante. En fait, cette préoccupation de l'enfant à l'égard de la mort est naturelle et structurelle, c'est-à-dire qu'elle s'associe à son développement. Elle renvoie aux interdits, aux différences entre les générations et à la perte de la toute-puissance de la pensée magique du tout-petit. La présence de ces préoccupations montre que l'enfant cherche à résoudre son complexe d'Œdipe.

La mort impose sa réalité implacable. Elle devient donc la référence absolue et définitive de la séparation et servira de modèle de représentation à toutes les autres sortes de séparations. Cela se fait surtout inconsciemment. Qu'un enfant soit capable d'élaborer et de se représenter sous forme de questions l'absence définitive liée à la mort, prouve qu'il entre dans une relation plus étroite avec la réalité, c'est-à-dire qu'il est en train d'accepter de renoncer aux liens infantiles avec ses parents. La psychanalyse parle de « castration œdipienne ». Il s'agit aussi d'une acceptation du principe de réalité[1]. Cette phase ouvre des champs nouveaux aux enfants qui grandissent.

Dans les questions des enfants, on distingue deux niveaux de préoccupation, auxquels il est nécessaire de répondre en même temps à chaque fois que c'est possible.

Le premier est la nécessité pour tous les enfants d'avoir des réponses claires et vraies, aussi crues et directes que leurs questions. La fragilité du corps, l'aspect définitif de la mort, la transformation physique constituent des repères structurants. Ils en font de grandes déductions. Les enfants ont besoin d'imaginer la mort de ceux qu'ils aiment pour s'imaginer seuls, c'est-à-dire indépendants. Ils doivent se

---

1. L'histoire des trois petits cochons traite de l'opposition entre le principe de plaisir et celui de réalité. Pour Freud, l'enfant doit trouver un compromis pour satisfaire ces deux registres, en différant un plaisir qui sera supérieur. Il doit d'abord s'adapter aux contraintes sociales en nouant des liens différents avec les autres. Pour cela, il doit aussi accepter de renoncer aux fonctionnements infantiles où domine l'immédiateté des satisfactions. (*Cf.* chap. 6.)

FAUT-IL PRÉSERVER LES ENFANTS DE LA NOTION DE MORT ?

La mort est le prototype de toutes les séparations (endormissement, départs, voyages, colonies de vacances, hospitalisations, anesthésies, décès, divorce...). Être en phase œdipienne amène l'enfant à poser naturellement des questions en dehors de tout deuil familial.

La représentation de la mort aide l'enfant à se différencier, à s'adapter à la réalité, à prendre son autonomie et à se structurer dans le temps. Il comprend la succession des générations pour trouver sa place dans sa famille, avec les autres et, par la suite, dans sa vie d'adolescent puis d'adulte.

faire une représentation juste de la mort et savoir ce qui est habituel. C'est une nécessité parce que la mort des grands-parents arrive quand les parents sont adultes. Votre enfant doit savoir que votre mort surviendra quand vous aussi serez grands-parents, que lui sera adulte et aura à son tour des enfants. C'est cette succession des générations que l'enfant doit se représenter. Il se situe alors dans une lignée et se projette dans l'avenir.

La deuxième préoccupation, que votre famille vive un deuil ou non, concerne un autre besoin de l'enfant : comment survivre à la mort de ceux qu'on aime le plus ? Peut-être votre enfant a-t-il dit que, si vous mourez, il se tuera ? Il lui est alors difficile d'imaginer comment se débrouiller seul, mais surtout comment gérer la douleur de cette séparation définitive. Il faut répondre à ces questions, en parler, se raconter soi-même face à ces événements. Cela aide votre enfant à gérer ses émotions sans les mettre de côté. Il apprend ainsi à les penser seul, progressivement. Il faut lui parler des rituels et des croyances religieuses. L'impact social et culturel aide à symboliser et à partager les émotions. Votre enfant doit connaître l'existence de ces solutions face au deuil.

Si vous vivez un deuil ou un divorce, votre enfant doit pouvoir poser ses questions et obtenir des réponses sur les deux plans que nous venons d'évoquer. Mais c'est parfois difficile pour les parents, l'exemple de Jérémie le montre bien. Si vous n'arrivez pas à répondre à votre enfant parce que vous souffrez trop, il faut donc le lui expliquer et lui promettre de lui en parler plus tard. Cette attitude va autoriser votre enfant à poursuivre ses interrogations et sa progression fantasmatique. Même déçu par votre réponse, sa tristesse ne se muera pas en angoisse.

Les jeux pendant le complexe d'Œdipe

L'enfant incarne des rôles, celui du père, de la mère, idéalisés en superhéros. Ils mourront, revivront, seront attaqués, aimés, maltraités. Exactement comme dans les rêves, tout est autorisé dans ces jeux, comme dans les carnavals où les adultes se déguisent en personnages méchants, terrifiants ou de l'autre sexe. Ces jeux sont cathartiques, ils aident l'enfant à se débarrasser de son angoisse. Ils permettent aussi un apprentissage des futurs rôles d'adulte, les enfants s'identifiant à des figures idéalisées. C'est la possibilité d'accepter la réalité et les frustrations des interdits.

La répétition de ces passages, du jeu au monde réel, constitue un travail psychique pour l'enfant. En apprenant à différencier ses fantasmes de la réalité, l'acceptation de cette dernière est plus facile pour lui et n'engendre pas d'angoisse.

Le garçon met en œuvre ses fantasmes belliqueux ainsi que tous les scénarios de séparation qui placent son père à distance en lui laissant ainsi le champ libre auprès de sa mère. Il met en scène l'absence, la maladie ou la mort du parent de même sexe.

QUELS SONT LES JEUX IMAGINAIRES DES ENFANTS DE 4 À 6 ANS ?

Vous avez dit Œdipe ? Il est facile à reconnaître : c'est le petit garçon que vous croisez dans la rue déguisé en Zorro, en Superman ou en nouveau héros japonais à la mode, avec plein d'épées, de couteaux et de pistolets laser. Quand vous lui parlez, c'est Zorro. Il rêve aussi de construire un château pour sa mère, c'est un vaillant guerrier dans ses jeux et il aura beaucoup d'argent, rien que pour elle.
C'est l'âge des déguisements, où l'on peut passer du fantasme à la réalité. Faire « comme si » rend tout possible, comme au théâtre.

Pour un enfant en phase œdipienne, imaginer la disparition de son rival représente inconsciemment la mort du père pour le garçon et de la mère pour la fille, pour se retrouver seul avec l'être aimé. Le jeu sert à trouver des compromis imaginaires pour résoudre ce que nous appelons un « conflit psychique ». Par exemple, un garçon doit créer dans son jeu la disparition imaginaire du rival paternel, mais sans en être trop affecté, car en réalité il aime aussi son père. L'enfant continuant à désirer être aimé du parent de même sexe joue aussi pour résoudre son ambivalence et sa bisexualité.

Quand le petit Batman enlève sa cape, il reprend sa taille normale, il apprend à faire face à la réalité de son âge et à son impuissance à satisfaire ses fantasmes et ses scénarios. Il se confronte au fait que maman est à papa. Il écoute papa lui dire qu'il devra attendre d'être grand pour trouver une femme de son âge.

Dans les contes de fées, la rivalité œdipienne est transférée sur une marâtre ou une sorcière, qui sera éliminée. C'est un compromis parfait, car la mère est préservée et c'est son substitut qui sera évincé. Pour les filles, la mort de la marâtre (comme dans *Blanche Neige*) est un exemple de compromis au conflit œdipien.

Le succès du *Petit Chaperon rouge*[1] est lié au fait qu'il aborde les problèmes cruciaux de l'œdipe. Le conflit œdipien y est présent en plusieurs

---

1. Bruno Bettelheim l'a interprété. Il a fait ressortir les contenus recherchés par les enfants dans les contes. Psychiatre et psychanalyste d'enfant d'origine viennoise, il a émigré aux États-Unis après un séjour dans les camps de concentration dans lesquels il a échappé à la folie grâce à une méthode de survie tirée de son point de vue psychanalytique. Il a écrit à partir de son expérience de nombreux autres ouvrages et a dirigé l'École orthogénique de Chicago, où il traitait surtout les enfants autistes. *Cf.* Bruno Bettelheim, *La Psychanalyse des contes de fées*, Robert Laffont, 1976.

points. Les générations sont confondues (la grand-mère et la fille se retrouvent ensemble dans la même matrice d'où elles ressortiront : le ventre du loup). Les interdits sont transgressés, le petit chaperon rouge n'écoute pas les conseils de sa mère (elle parle aux étrangers et cède à leurs tentatives de séduction en jouant avec eux). L'envie de découvrir un monde différent et ses dangers (l'autre sexe) n'est pas différée et met en péril le *Petit Chaperon rouge.* Tous les détails du conte permettent aux enfants de s'identifier aux personnages, de projeter leurs propres conflits psychiques et d'y trouver des solutions.

LA PHASE ŒDIPIENNE INFLUENCE-T-ELLE L'AVENIR DES ENFANTS ?

Un œdipe qui se passe bien ouvre la voie à une bonne scolarité et agit comme une vaccination efficace contre les troubles névrotiques de l'enfance, de l'adolescence et de la vie du futur adulte.
C'est pour ces raisons qu'il est important de comprendre en quoi consiste cette phase œdipienne, son impact sur la structure de la personnalité ainsi que son influence sur la future vie affective, sexuelle, intellectuelle et sociale des enfants.

Les bonnes conditions d'entrée dans l'œdipe

Pour bien aborder cette période, l'enfant doit avoir auparavant bien passé les épreuves précédentes de sa première enfance. L'alimentation et l'apprentissage de la propreté ne sont donc pas des terrains conflictuels. L'enfant est installé dans son langage, a acquis une bonne autonomie et communique avec aisance. Dans les conditions les plus favorables, il s'est développé sans problème, sur le plan psychomoteur, affectif et intellectuel. Cette harmonie enrichit d'atouts sa balance sécurité/risque. Il a alors la maturité suffisante pour aborder sans encombre les richesses qui l'attendent sur ce nouveau palier.

La période œdipienne bouleverse et remanie les défenses psychiques[1]. Aussi, des difficultés ou des stagnations antérieures peuvent trouver là une bonne occasion de se mobiliser et d'évoluer favorablement. Les périodes de grands changements sont toujours de nouvelles chances de réensemencer un terrain devenu peu fertile ou qui est resté en friche.

Une précrise d'adolescence

L'œdipe est situé temporellement dans une charnière entre la petite enfance et la seconde enfance. On pourrait l'appeler la crise d'adolescence primaire.

Ce temps particulier de l'œdipe a, en grande partie, la même valeur que la crise d'adolescence, qui rejouera à son tour, une dernière fois, les mêmes problématiques psychiques autour de l'autonomie, de la différenciation, de l'identité. Mais cette fois avec un fait nouveau : le corps de l'adolescent aura atteint sa maturité sexuelle, biologique, d'adulte.

---

1. *Cf.* p. 243.

L'œdipe Pendant l'œdipe, l'enfant s'identifie au parent de même sexe et se différencie de celui de sexe opposé. « Organisateur » de la vie infantile, cette étape du développement psychique aboutit à l'intégration des données fondamentales de la personnalité entre 4 et 6 ans. Elle structure l'interdit de l'inceste, la différence entre les générations et entre les sexes.

L'interdit de l'inceste constitue l'interdit-prototype d'où découlent tous les autres. Cet interdit amène l'enfant à désirer autre chose. Il en résulte le respect de la vie, l'interdit du meurtre et l'inscription de chacun entre une origine et un devenir.

La fonction paternelle se fonde sur la loi de l'interdit de l'inceste dont le père est le représentant. Cette loi s'installe par le biais d'un renoncement au parent du sexe opposé, d'une identification sexuelle, de la constitution d'interdits sociaux de référence.

Un élément clé, la différence des sexes Selon la théorie psychanalytique, la curiosité sexuelle infantile est la première caractéristique de l'œdipe. L'enfant se demande d'où il vient, comment il a été « fabriqué », comment il est né. Il conçoit des théories infantiles relatives à la conception, à la naissance et à la sexualité. Ces questions prouvent, outre un intérêt pour la sexualité, le puissant appétit intellectuel de l'enfant. Il l'amène à prendre conscience de la différence anatomique des sexes, c'est-à-dire l'absence ou la présence de pénis.

LA DIFFÉRENCE DES SEXES ET LA QUESTION DES ORIGINES, OU POURQUOI LES FILLES NAISSENT-ELLES DANS LES ROSES ET LES GARÇONS DANS LES CHOUX ?

À l'école maternelle, le moment du passage aux toilettes est très riche d'échanges, de regards et de jeux, ainsi qu'à la maison avec les parents, les frères et sœurs. Il y a le rire et les regards sur l'autre sexe, mais il y a aussi des gestes et des contacts rapides.
« Dis, pourquoi ? » C'est la grande période des questions incessantes et surprenantes, où l'enfant cherche l'origine de tout.
« D'où viennent les enfants ? » L'enfant théorise et avance ses explications fondées sur ce qu'il sait. Il tente de combler ses lacunes dues à son infériorité biologique face à l'adulte. Les histoires de la cigogne, des roses et des choux, de l'enfant qui naît par l'anus ou des arbres qui poussent sur la tête quand on avale un pépin, sont des théories orales ou anales avant d'être génitales. La méconnaissance anatomique est compensée par une recherche imaginaire de réponse satisfaisante.

Que signifie l'expression « angoisse de castration » ?

Pour l'enfant, la constatation de la différence des sexes va être éprouvante parce qu'il doit accepter qu'il n'a pas les attributs de l'autre sexe et renoncer à être simultanément un garçon et une fille. Confronté une fois de plus aux limites de son propre pouvoir, l'enfant élabore des théories explicatives, mais erronées, dont la principale est une source d'angoisse. C'est l'idée que cette différence est le résultat d'une castration. L'angoisse de castration a son origine dans la constatation de la différence des sexes. Le terme de « castration » est un concept imaginaire et approximatif qui illustre la possibilité d'avoir ou non un pénis. L'angoisse (ou le complexe) de castration chez l'enfant en phase œdipienne est une théorie psychanalytique qui explique comment les enfants accèdent à leur identité sexuelle tout en intériorisant l'interdit de l'inceste. Cette angoisse de castration provient donc d'une interprétation fausse de la réalité, issue de la force magique prêtée aux adultes et de l'infériorité des enfants.

La découverte qu'il existe une différence des sexes « aura le rôle utile de stimuler son développement[1] ». Accepter cette « castration » représente la perte de la toute-puissance magique à savoir, maîtriser le monde, évincer le parent de même sexe, posséder le parent de sexe opposé et nier les différences des sexes, de générations et les interdits.

Un rappel de vaccin pour accéder à l'autonomie psychique

Nous avons vu l'importance de la manière dont s'effectuaient les différentes séparations, celles qui se succèdent dans la première enfance à chaque fois que l'enfant prend son indépendance corporellement : à propos de l'alimentation, du sommeil ou de l'apprentissage de la propreté.

L'œdipe va marquer, lui aussi, une nouvelle étape vers l'autonomie. Les mouvements psychiques qui ont lieu s'appuieront sur les modèles précédents que nous venons de rappeler. Si les passages successifs d'une relation de dépendance vers une relation d'indépendance ne se sont pas

1. Françoise Dolto, *op. cit.*

bien passés auparavant, l'œdipe risque, lui aussi, de présenter des complications.

C'est une période très sensible parce que le psychisme de l'enfant est dans une dynamique de remaniement. Comme l'enfant se repositionne dans ses rapports avec ses parents et dans sa place de garçon ou de fille, ses défenses et ses modes relationnels habituels s'assouplissent pour permettre l'évolution psychique.

L'œdipe peut être l'occasion d'une nouvelle « vaccination » en ce qu'il rejoue, sous une autre forme, la même problématique de la séparation. D'où son importance si les « vaccins » antérieurs se sont mal passés et n'ont pas bien « pris ».

La fin de l'œdipe et l'école primaire

« ... le complexe d'Œdipe doit disparaître parce qu'est venu pour lui le moment de se dissoudre, comme tombent les dents de lait lorsque poussent les dents définitives »

Sigmund Freud

Le déclin du complexe d'Œdipe se fera avec l'acceptation de la perte de la toute-puissance magique et imaginaire, au profit de la réalité. Pour en rendre compte, Freud fait appel à « l'impossibilité interne » pour l'enfant de satisfaire ses désirs œdipiens (l'immaturité biologique de son corps lui interdit de se marier, d'avoir des enfants...). Avec la résolution de la crise œdipienne, la relation aux parents se trouve désexualisée. Dès lors peuvent subsister et s'affirmer sans culpabilité des sentiments d'affection et de tendresse, tandis que s'apaisent les sentiments hostiles.

C'est sur le déclin de cette phase œdipienne qu'à 6 ans l'enfant entre au CP. Il est disponible psychiquement pour investir les apprentissages scolaires de la lecture et de l'écriture. C'est à cette époque, affectivement calme, que débute ce que l'on appelle la « période de latence » où l'enfant n'est plus préoccupé par des questions d'identification, mais au contraire, est libre de ne penser qu'à apprendre. Pendant cette nouvelle étape, les processus intellectuels sont particulièrement valorisés socialement. Cette phase s'achèvera à son tour avec l'entrée dans l'adolescence, lors de la puberté.

Le psychisme de l'enfant doit se trouver en « eaux calmes », du point de vue affectif, pour accéder à l'abstraction et au symbolisme nécessaires aux apprentissages. C'est pourquoi un enfant qui éprouve des difficultés à sortir de cette phase œdipienne sera gêné pendant ses apprentissages. S'il ne peut s'investir pleinement dans ce domaine, un retard scolaire risque de s'instaurer.

Les risques d'évolution pathologique

Dans le non-dit d'une mort, cela se passe comme dans beaucoup de mythes : les âmes des morts sont errantes tant que les corps n'ont pas une sépulture à leur nom. Face aux corps absents, ce sont les héritiers qui sont contraints « d'offrir leur propre corps en guise de sépulture » à ces morts déniés[1]. Nous savons qu'il se produit une inévitable transmission transgénérationnelle de ces événements, ne passant pas par la parole mais par

1. H. Piralian, *Génocide et Transmission*, L'Harmattan, 1994.

le corps et son image inconsciente. La période œdipienne est propice à leur nécessaire expression. En cas d'impossibilité, la souffrance se traduira en symptômes (comme pour Jérémie).

L'enfant à l'âge œdipien doit, pour se développer, jouer avec son imaginaire. Il peut être arrêté dans son évolution si un événement survient, tel la mort du père ou de la mère, le divorce ou un deuil douloureux pour ses parents.

Dans ces situations, l'enfant croit toujours avoir eu de « mauvaises pensées » qui se seraient réalisées, ou bien il s'interdit d'imaginer ses conflits œdipiens. Son but inconscient est de protéger ses parents de manière *conjuratoire*. La racine inconsciente de ces blocages ne se raisonne pas. Il est important de consulter pour que l'enfant ne mélange pas la triste réalité et ses pensées. Il prendra plus facilement du

POURQUOI EST-IL IMPORTANT POUR L'ENFANT DE BIEN ABORDER CETTE PHASE ŒDIPIENNE ?

Beaucoup de difficultés psychologiques de l'adulte remontent à cet âge. Les problèmes névrotiques proviennent des conflits psychiques mal résolus entre 4 et 6 ans. Ils se fixent à cet âge, entravent fortement la vie de l'enfant ou l'encombrent plus tard par des conduites d'échecs scolaires, puis socio-professionnels, affectifs, relationnels et amoureux, auxquels il convient d'ajouter les pathologies douloureuses liées à la dépression.
La souffrance et les manifestations d'angoisse sont les conséquences d'un développement insuffisant ou perturbé de ce que Freud a appelé le complexe d'Œdipe. Ce sont des cas qui nécessitent toujours une aide psychothérapeutique.

recul auprès d'un psychanalyste vis-à-vis duquel n'existera aucun enjeu affectif, contrairement à ses parents.

Épilogue

En pensant à la place de Jérémie, afin de le préserver de ce traumatisme irréparable, ses parents ont freiné, en toute bonne foi, son accès à l'autonomie.

Dès que nous avons commencé nos séances, ses cauchemars ont diminué et Jérémie s'est affirmé, chez lui et à l'école. Il a pris tout d'abord conscience de ses problèmes scolaires et de sa lenteur. Il n'avait pas de véritables troubles scolaires, seules ses préoccupations l'avaient inhibé, son potentiel demeurant intact. Tant qu'il restait « encombré », il ne pouvait pas investir l'aspect symbolique de l'écriture. Sa lenteur était donc le moyen de s'accaparer sa mère pour lui tout seul (pour l'habiller et le laver). Il agissait de la même façon avec son institutrice qui devait être toujours derrière lui.

Au bout de quelques mois, Jérémie a cessé de faire pipi au lit et a différencié ses questions de celles de ses parents. Sa nouvelle année scolaire se présentant bien, il a voulu interrompre ses séances au début de son CP. Mais il est resté lent malgré le dynamisme retrouvé dans le développement de sa personnalité. Il est probable que je le revoie, d'autant qu'en ce tout début d'école primaire sa mère passe beaucoup de temps à le faire travailler. Sinon, dit-elle, il rêve et peut rester devant son cahier pendant des heures, le nez en l'air.

Cette lenteur témoigne encore de la persistance d'un lien de dépendance entre Jérémie et sa mère.

VI

DROITIER OU GAUCHER : LES PIÈGES DE LA SEXUALITÉ ŒDIPIDIENNE

MARIANNE

Sexualité, œdipe, masturbation,
latéralité, écriture, contes de fées.

La maman de Marianne est venue la première fois me voir seule, se déclarant impuissante à aider sa fille. Avec son mari, elle a tout essayé pour l'aider à s'endormir. Mais Marianne a peur et ses parents la trouvent, avec raison, stressée. Elle a 6 ans, est en CP et a des problèmes d'écriture importants. « En plus, elle est gauchère, comme moi. » À cela s'ajoutent des difficultés émotionnelles. Marianne a des moments de doute, de panique quand elle doit jouer avec les autres, au point de ne pas avoir d'amis. Depuis ce début de CP, elle ne joue même plus toute seule et se réveille la nuit en pleurant. Elle est angoissée par son travail et s'endort difficilement, allant vérifier plusieurs fois si son cartable est bien préparé. Il y a une semaine, elle a pleuré toute la matinée à l'école parce qu'elle avait oublié un livre à la maison. Elle redoute également les cris de son institutrice. Sur le plan intellectuel, Marianne réussit tous ses apprentissages bien qu'elle se considère nulle et demande à retourner en maternelle. On imagine facilement l'anxiété des parents devant le mal-être de leur fille qui refuse de se laisser aider.

Nathalie, la maman de Marianne, est très inquiète. Elle se demande si les difficultés de sa fille ne sont pas dues à une succession de changements familiaux intervenus ces dernières années : naissance d'un deuxième enfant, déménagement ayant entraîné un changement d'école, hospitalisation de Nathalie pour une intervention bénigne et, enfin, sa reprise du travail. « Au départ, nous pensions que ces changements seraient bénéfiques pour tous. À chaque fois, j'ai fait très attention à Marianne, je veillais à bien la préparer et je m'occupais d'elle encore plus. »

Les questions de Nathalie portent sur sa responsabilité. Elle se reproche son indisponibilité. Elle a le courage et la sincérité d'avouer ses craintes et ses doutes. Dès le premier rendez-vous, elle formule ses questions en direct, lisant la feuille sur laquelle elle les a notées : « Ma fille fait-elle une dépression ? Notre relation est-elle gâchée à la suite de cette série d'événements qui lui ont été imposés ? Cela aura-t-il des répercutions au moment de l'adolescence ? » Elle ajoute que Marianne se masturbe très souvent. Elle et son mari en sont gênés, surtout au moment du coucher quand Marianne se frotte ostensiblement contre son père pendant son petit câlin.

Je suis très surpris par la coloration dramatique de son récit et la souffrance qu'elle exprime. Quelle culpabilité habite cette mère ! L'idée d'avoir fait du mal à sa fille, d'avoir compromis son avenir, est en filigrane dans ses propos.

Je demande à rencontrer Marianne seule pour y voir plus clair. Quand je vais la chercher dans la salle d'attente, son visage éclairé par un sourire attire mon attention.

— Qu'y a-t-il, Marianne ?

En entrant dans le bureau, elle accentue nettement son sourire qui laisse entrevoir un petit espace vide.

— Quand as-tu perdu ta dent ?

— Hier, et la petite souris est venue.

Je lui explique que cela signifie qu'elle est en train de grandir ! À peine ai-je achevé ma phrase qu'elle me demande de dessiner et met fin à notre conversation. Après quelques instants, je regarde la feuille qu'elle me tend. Elle représente un couple de souris. Les détails vestimentaires sont précis. Maman souris a un joli voile bleu qui s'étend sur son dos et tient un bouquet de fleurs assorti à l'imprimé de sa robe. Elle porte aussi de belles chaussures vertes à talon. Monsieur souris est en smoking noir. Il a une cravate rouge et un chapeau haut-de-forme noir. Au lieu de me taire et de la laisser commenter son dessin, je dis trop vite :

— Oh ! Ils vont se marier !

— Mais non ! Pas du tout ! Ils vont à un mariage !

Marianne, contrariée, m'a remis à ma place et nous interrompons notre séance là-dessus. Elle revient la semaine suivante et n'a rien à me dire car « tout va bien ». J'insiste un peu et la laisse réfléchir. Elle reprend tout à coup ce qu'elle avait prévu de me raconter : « Ah si ! je voulais te dire : cette semaine, à la maison, j'ai eu très peur des sorcières et aussi qu'une main sorte des toilettes et qu'elle m'attrape. Maintenant ça va mieux, mais j'ai encore un peu peur. » Je vois ensuite cinq minutes sa maman qui me confirme l'événement. Elle est très impressionnée par ces nouvelles angoisses, et surtout par l'histoire de la main.

« Elle nous demande tous les jours si nous allons mourir. Je ne sais plus ce qu'il faut lui dire, alors je reste évasive et lui réponds à côté pour ne pas l'inquiéter. Comme elle insiste, j'essaye de la rassurer et je lui dis qu'on sera toujours là. Dimanche, nous nous sommes disputés avec mon mari, elle m'a demandé si nous allions divorcer. Tout la perturbe et je ne sais plus quoi lui répondre. Je lui dis que ce sont des bêtises et qu'elle ne doit pas y penser. »

Nathalie m'explique très bien comment elle tente de protéger sa fille contre les idées sombres qui semblent l'envahir. Au quotidien, elle et son mari forment un couple équilibré malgré une séparation de six mois intervenue à l'époque où Marianne avait 4 ans. Aujourd'hui, leur relation est harmonieuse. Les quatre grands-parents sont en bonne santé, ils s'entendent avec leurs enfants et petits-enfants. Il n'y a donc aucune raison apparente d'être triste dans cette famille.

Peu après cet entretien, je revois Marianne seule.

— Ta maman m'a parlé des questions que tu lui as posées. Elles sont très importantes. Tu voulais savoir quand tes parents mourront et s'ils vont divorcer. Tu t'en souviens ? Que t'a-t-elle répondu ?

— De ne pas y penser.

— Et à ton père, tu as posé les mêmes questions ? Marianne acquiesce. Et lui, que t'a-t-il répondu ?

— Qu'il fallait penser à autre chose, car ce n'était pas intéressant.

— Donc tu n'as eu aucune réponse, c'est dommage parce que tu dois en trouver. Tes parents croient que tu es triste alors que tu es curieuse, parce que tu grandis. Ce sont des questions importantes et peut-être qu'ils n'ont pas compris que tu n'es plus une petite fille. Tu vas devoir insister, les rassurer et leur faire comprendre qu'ils peuvent te faire confiance.

Suivant son habitude, Marianne interrompt notre dialogue en me demandant de dessiner.

Son dessin terminé, elle me l'explique : ce sont deux enfants qui ont été abandonnés par leurs parents qui n'avaient plus d'argent pour les nourrir. Ils se retrouvent chez une sorcière qui veut manger le frère. Marianne me demande d'écrire les noms de ses personnages : le papa et la maman s'appellent Hansel et Gretel, et les enfants, Nathalie et Francis, tout comme ses propres parents.

Analyse de la situation

L'anxiété de Marianne s'exprime d'une part dans ses problèmes d'autonomie au quotidien et dans ses peurs envahissantes et, d'autre part, sur le terrain scolaire – elle éprouve de vraies difficultés en graphisme.

Premier piège : le sentiment d'abandon

La maman de Marianne a tout fait pour que sa fille ne se sente pas délaissée à la naissance de son frère, pendant son hospitalisation ou durant le déménagement et les changements d'école. À la moindre manifestation d'anxiété, Nathalie a répondu « présente ». Elle pensait assumer les peurs de sa fille et voulait à tout prix la rassurer.

Marianne met très mal à l'aise sa maman avec ses nouvelles questions sur la mort. Celle-ci n'y voit que l'expression d'angoisses et lui donne des réponses évasives qui ne lui permettent pas de « jouer » avec son imaginaire sur les liens qui l'unissent à sa mère. La mort, ainsi prise au premier degré, reflète alors plus pour Marianne une menace de perte de leur lien d'amour. La simple idée de séparation, vécue comme une catastrophe réelle, interdit à Marianne la possibilité de s'imaginer indépendante, sans ses parents.

En écoutant Marianne parler de ses peurs, apparaît l'élément le plus important : elles se produisent quand elle est seule, aux toilettes, dans le couloir et quand elle va dans sa chambre. La peur aux W.-C. a simplement l'aspect régressif du stade anal, dans ce lieu où l'enfant se sépare et se débarrasse seul de ses matières.

Pour se différencier de sa mère et en même temps s'identifier à elle, Marianne avait besoin d'imaginer leur séparation, c'est-à-dire de faire semblant d'être comme sa mère, ou à sa place, sans elle. En leur présence à toutes deux, je le lui explique : « À ton âge, tous les enfants imaginent qu'il peut arriver malheur à son papa ou à sa maman. Tu imagines certainement qu'ils vont mourir. C'est normal, tu as peur de les perdre parce que tu les aimes. Tes parents sont en bonne santé et, normalement, toi, tu seras adulte lorsqu'ils seront comme tes grands-pères et grand-mères, puis ils mourront. Tu sais bien que tes peurs sont imaginaires car, dans la réalité, il n'y a aucun danger. Elles signifient la même chose que le fait de perdre tes dents. Tu es en train de grandir dans ton corps et aussi dans ta tête. Alors, une partie de toi apprend à se débrouiller toute seule. C'est un peu comme un entraînement. Et, comme tu n'en as pas l'habitude, tu as peur de ne pas y arriver ou qu'il t'arrive des choses terribles. Mais, comme tu sais que ce n'est pas dangereux de grandir, tu vas apprendre ce qu'il faut faire. La grande Marianne ne craindra plus les peurs de la petite Marianne qui vont bientôt disparaître. Plus tu vas te débrouiller seule et chercher des solutions toi-même, plus tes peurs disparaîtront. »

Cette interprétation correspond aux besoins de Marianne qui étaient masqués et étouffés par la culpabilité de sa mère. Rappelons que le couple parental a vécu une période de séparation. Même si l'issue a été constructive, les blessures restent vives autour des notions de lien et de perte.

Cette parole n'avait rien de miraculeuse mais elle a été suivie d'effets. Dans son deuxième dessin, son histoire se termine, comme il se doit, avec la résolution des conflits qui s'y jouent : les enfants se débarrassent de la sorcière et retrouvent leurs parents en leur rapportant son trésor (comme les adultes rapportent de l'argent au foyer).

Marianne a beaucoup ri parce que les enfants ont les prénoms de ses propres parents (Nathalie et Francis). Elle a ainsi inversé les générations par rapport au célèbre conte des frères Grimm. Dans son dessin, Hansel et Gretel sont devenus les parents et ont dû se séparer de leurs enfants. Le jeu étant redevenu possible et sans danger, elle a choisi un thème qui lui donne des solutions de compromis pour résoudre ses préoccupations du moment. Cela l'aide à se libérer de son anxiété.

Les peurs de Marianne sont tombées, tout comme sa dent. Elle s'est détendue à l'école, avec ses amis et à la maison. Les pleurs ont cessé. En revanche, lenteur et difficultés en graphisme n'ont pas disparu.

Droite ou gauche, le piège politique ?

On observe chez Marianne une dysgraphie (graphisme dysharmonieux, lent et parfois accompagné de crampes) et de nombreuses inversions de lettres et de chiffres. Ses parents ont remarqué qu'elle avait eu du mal à opter pour une main plutôt que l'autre lors des activités proposées en maternelle. Personne ne l'a influencée de façon consciente. Elle dessinait des deux mains. Puis la gauche s'est déterminée de manière spontanée, dans le court laps de temps où ses parents se sont séparés. Nathalie a toujours pensé que Marianne en avait été perturbée, bien qu'elle n'ait pas réagi. Ils ne lui ont jamais expliqué cette séparation car « rien n'était définitif ».

L'anxiété, une fois levée, a permis que Marianne s'épanouisse. Il restait le problème du graphisme. Les difficultés scolaires persistant, la petite fille a passé un bilan de latéralité[1]. Le résultat a été éloquent : Marianne est une gauchère contrariante ! C'est-à-dire qu'elle a « choisi » d'écrire avec la main gauche – comme sa mère –, bien qu'étant, de fait, droitière. Elle s'est donc compliqué la vie. La souffrance de Marianne s'est traduite par un trouble de latéralité qui a eu des conséquences sur son travail scolaire[2]. En quelque sorte, le piège a laissé ses marques et le stress se nourrissait tout seul, car la difficulté en graphisme était réelle et mettait cette petite fille intelligente en situation d'échec. Le choix inconscient s'est porté à gauche en identification à sa mère qui est gauchère ! Sans doute l'anxiété liée à la séparation des parents s'est-elle

1. *Cf.* p. 185.
2. En effet, les risques sont accrus de développer des troubles de repères dans l'espace avec ses conséquences directes : problèmes de graphisme, de lecture, de logique mathématique.

traduite dans un choix d'amour impossible entre son père et sa mère. Son premier dessin montrait son investissement dans les images du couple parental qui se rend à un mariage. Ainsi, la restauration imaginaire du couple lui a-t-elle permis de reprendre le bon déroulement du processus d'identification « œdipien ». Il existe en effet une équation symbolique entre les paires « gauche/droite » et « mère/père[1] ». Marianne mesurait ses difficultés en classe en se comparant aux autres enfants, cela a contribué à augmenter son anxiété, à accroître sa tendance à se replier.

Le point de vue psychologique

Les contes de fées au secours des parents

D'où viennent donc toutes ces peurs, ces préoccupations et ces idées qu'ont nos enfants ?

Marianne s'exprime en terme de séparation, elle redoute de se perdre elle-même, elle craint la disparition de ses parents, la rupture et l'abandon, bref de se détacher de sa petite enfance, tout comme dans les contes !

Les mêmes mots et les mêmes expressions résonnent autrement dans la langue parentale, si différente de celle des enfants. Tout était clair pour Marianne au début, avant d'être induite en erreur par une interprétation erronée des adultes. Lorsque Marianne parle de la mort de ses parents, elle essaye de faire le deuil de sa petite enfance et des images précédentes des parents qui la rassuraient

1. *Cf.* pp. 188-189.

quand elle était bébé. Le piège, pour les parents, est de ne plus comprendre ou savoir parler la langue de l'enfance. Cela crée des malentendus de traduction. Les parents de Marianne sont si soucieux d'être des « parents aimants » qu'ils ne voient pas ses hésitations à choisir, à s'affirmer et à grandir, ces atermoiements qui l'ont tant paralysée.

Les enfants expriment facilement leur réalité intérieure par leurs productions imaginaires, leurs cauchemars, leurs rêves et leurs dessins. Pour cela, il suffit de les écouter sans y mêler de préoccupations d'adultes. Les enfants reconstruisent souvent leur réalité intérieure à l'aide du matériel dont ils disposent, tout comme les contes remanient les problématiques œdipiennes en proposant des « compromis de dégagement » aux conflits psychiques.

Le conte oblige à réfléchir, aide à mûrir en permettant à l'enfant de se positionner par rapport à des figures parentales idéalisées. Passionné par le conte, il saura y retrouver l'écho de ses propres conflits. Il effectue un véritable travail pour rechercher aux questions qu'il se pose les solutions qui devront être à la fois satisfaisantes pour lui et tenir compte de la réalité et des interdits moraux. L'enfant adapte ses désirs pour les rendre réalisables.

LES CONTES TRADUISENT LES HISTOIRES ŒDIPIENNES DES ENFANTS DE 4 À 6 ANS

Les contes plaisent à tous les enfants et même aux adultes. La plupart relèvent de l'œdipe. C'est pour cela que les enfants entre 4 et 6 ans y retrouvent leurs préoccupations, les interprètent et y puisent des réponses à leurs problèmes. C'est-à-dire des arrangements à ce qu'ils vivent de façon conflictuelle.

Les contes abordent les notions de mort, d'abandon et d'amour, mais aussi les désirs et les fantasmes dans leur rapport au possible, à l'impossible, au magique et au réel. Les contes traitent du corps et de ses transformations, de la gestion des pulsions. Ils sont une source d'explications : le message est universel et passe inconsciemment. Il ne faut donc pas s'en priver. Leur lecture et les échanges qui suivent entre les parents et l'enfant apportent à celui-ci des solutions pour sortir de situations bloquées.

Pour Bruno Bettelheim[1], le conte est donc le miroir magique de notre univers intérieur, c'est-à-dire de nos émotions, de nos contradictions, de nos désirs impossibles, interdits et cachés. Les contes nous montrent comment il est possible de concilier nos désirs profonds avec la réalité extérieure.

Ils favorisent ainsi le processus de prise de décision face à un choix conflictuel, tel celui, crucial, entre papa et maman. Ainsi, pendant son œdipe, un garçon est pris par deux désirs contradictoires : « Je désire être seul avec maman que j'aime mais pour cela je dois éliminer mon père, rival que j'aime aussi. »

Dans un conte, tout est dit symboliquement et implicitement à l'enfant :

- les tâches qu'il a à accomplir à son âge ;
- comment il peut maîtriser les différentes lignes de force de ses émotions ;
- les pièges qu'il peut rencontrer et comment en sortir.

1. Bruno Bettelheim, *op. cit.*

En quelque sorte, le conte aide l'enfant à choisir entre la réalité sociale et la satisfaction de ses désirs, de son imaginaire et de sa vie fantasmatique, par un moyen acceptable, voire souhaitable.

Les contes indiquent les démarches qu'exige le passage de l'état de dépendance de l'enfant à l'état d'indépendance de l'adulte.

Ils favorisent l'extériorisation des sentiments d'amour, de peur, de rivalité, de jalousie. Mettant de la distance avec les émotions et les conflits, ils attestent aussi de l'importance de la place de chacun. Les contes expriment ce que l'enfant ressent comme contradictoire et favorisent l'échange et le partage entre soi et les autres, la résolution des angoisses, des envies, des frustrations et de l'ambivalence entre l'amour et la haine.

Ils lui permettent d'entrevoir son indépendance et de nouer des relations structurantes avec son environnement. Dans les contes, se marier, devenir roi ou reine, s'enrichir ou retrouver son chemin sont des promesses faites à l'enfant qui peuvent se formuler ainsi : « Si à chaque étape de ta vie d'enfant tu acceptes la réalité et les nouvelles contraintes qui s'y rattachent, si tu renonces à tes habitudes de petit, alors plus tard, devenu grand, tu bénéficieras d'autres avantages et plaisirs bien supérieurs. » L'enfant y trouvera la force du renoncement, c'est-à-dire comment renoncer au plaisir immédiat. Par exemple : si les petits cochons travaillent comme leur grand frère avant de jouer, ils construiront solidement leur maison (ou leur vie) et seront en sécurité. Alors, ils pourront vraiment s'amuser et être heureux.

Les contes ne donnent pas de conseils, mais les événements auxquels font face leurs personnages suggèrent des démarches vers une humanité supérieure, valorisante et idéalisée par une conclusion heureuse.

Les contes de fées sont donc un formidable moyen pour donner à son enfant des réponses à ses questions. Lui en lire l'amène à exprimer plus facilement ses doutes et ses peurs – le conte est un médiateur. Les parents peuvent donc aborder de manière ludique et dédramatisée avec leur enfant son monde intérieur, ses préoccupations, et aussi lui parler des événements de la vie ou de leurs attentes à son égard. Lire un conte à son enfant est l'occasion d'un moment privilégié qui lui permet de formuler ses tiraillements et les sentiments ambivalents qu'il éprouve. Avec les contes, les enfants ont la possibilité d'exprimer indirectement leur agressivité à l'égard de leurs parents et la peur, qui s'y rattache, de perdre leur amour. Les parents y ajoutent leurs propres réponses, en plus de celles contenues dans le conte. Lorsque un père ou une mère a le sentiment que son enfant traverse un moment difficile, comme le lendemain d'un cauchemar ou pendant une période de conflit, d'inquiétude ou de tristesse, il peut lui proposer de choisir le conte qu'il va lui lire. Son choix sera toujours le bon, celui qui expose ses préoccupations. Ensuite, il pourra s'endormir, rassuré.

Si les enfants de 4 à 6 ans sont autant saisis par les multiples préoccupations œdipiennes, c'est qu'ils les vivent aussi dans leur corps. Ils sont soumis à des forces pulsionnelles d'origine biologique qui les poussent à se développer par étapes successives et que l'on appelle la sexualité infantile.

La sexualité entre 4 et 6 ans

Qu'est-ce que la sexualité des enfants ?

Peu avant 1900, Freud avait fait scandale en annonçant que nos chers petits anges avaient un sexe et, qui plus est, une sexualité. Il parlait de « pervers polymorphes », de développement de la libido et de déplacement de la zone érogène orale à la zone anale, puis phallique. Il utilisait aussi les termes « bisexuel », « homosexuel », « sadique », « masochiste », « passif », « actif », qui ont un sens très marqué dans le langage courant du monde des adultes.

Le mot « pervers » désignait pour la libido un but dévié de la reproduction sexuée, comme c'est le cas pour les enfants dont la sexualité est biologiquement immature.

Si les comportements sexuels des enfants de 4 à 6 ans existent et sont nécessaires à leur développement, ils restent cependant très différents et en deçà de la sexualité des adultes. En aucun cas, un enfant ne peut être qualifié de « vicieux » parce qu'il ressent des excitations sexuelles.

Il peut imiter, dans ses attitudes, les adultes. Pendant l'œdipe, il peut même être excité sexuellement ou mesurer sa capacité de séduction auprès des grands. Il est banal que les enfants de 4 à 6 ans se masturbent sans pudeur, puisqu'ils ressentent des excitations et un plaisir génital. Ils adoptent souvent des attitudes de séduction, qui sont sans équivoque quant à leur excitation sexuelle et ce vis-à-vis des adultes de l'autre sexe ou d'autres enfants avec lesquels ils peuvent avoir un contact corporel. C'est l'âge où l'on peut retrouver son enfant en train de « faire l'amour » avec la petite cousine du même âge, c'est-à-dire de jouer ou de mimer l'acte sexuel. Souvent les petits refont les gestes qu'ils ont vus lors de jeux à l'école, en les associant ou non à l'excitation de leurs zones érogènes. Toute leur curiosité est tournée vers la connaissance, l'exploration et l'attirance de l'autre, l'origine des bébés, les différences entre les sexes et ce qu'ils ressentent dans leur corps.

La problématique sexuelle des enfants de 4 à 6 ans, si elle existe, est généralement celle des parents.

Ces derniers peuvent être déroutés et adopter une attitude trop rigide, de prohibition, fâchée, inquiète ou, au contraire, trop laxiste, n'y voyant pas de mal. Ces manifestations de sexualité infantile ne sont pas à juger, en bien ou en mal, mais nécessitent des réponses. L'adulte doit expliquer, mettre des mots sur ces comportements et apprendre la pudeur à l'enfant.

Il existe une attitude que l'on rencontre souvent et à plusieurs âges : celle des parents qui ne voient pas que leur enfant change et grandit. Ils continuent à avoir à son égard le même comportement que lorsqu'il était petit. Ils le perçoivent toujours comme leur bébé, ont un rapport très charnel avec lui et ne discernent pas les changements dans la demande de câlins.

Par exemple, la réponse d'un père à un câlin de sa petite fille de 3 ans changera quand, à 5 ans, celle-ci ressentira de toute évidence une excitation lors du contact.

D'une certaine façon, les parents doivent apprendre à reconnaître et à différencier ces câlins comme ils l'ont fait avec les cris du nourrisson. L'autre parent a parfois plus de recul pour éveiller l'attention sur ces changements de comportement, amener la discussion dans le couple ou, mieux, défendre son territoire avec humour. Ensuite, il leur sera possible de donner des réponses appropriées.

Comment les enfants perçoivent-ils cette étape de leur future sexualité ?

En ressentant des excitations, les enfants n'appréhendent pas la sexualité comme l'adulte. Ils n'ont pas de connaissance anatomique, de possibilité de se représenter la sexualité à deux, et la conception. Ce que l'enfant perçoit, c'est la différence entre les sexes et une excitabilité : des sensations qui investissent les zones érogènes autour de l'appareil génital.

Ils doivent comprendre ce qui leur arrive pour reconnaître et canaliser ces nouvelles poussées pulsionnelles, comme ils ont appris, bébé, à attendre un peu leur biberon ou à faire leurs nuits de manière continue. Pour cela, il doivent avoir des réponses claires et sans équivoque, des mots simples qui permettent de comprendre ce qui se passe. L'enfant de cet âge accepte ce quì est naturel et expliqué par ses parents. Il n'a pas de jugement de valeur sur sa sexualité. Pour en parler, la pudeur et la culpabilité ne sont pas encore un obstacle comme ce sera le cas à l'adolescence. Les réponses données à 5 ans aideront l'enfant à se débrouiller, plus tard, lors du « jaillissement » de sa sexualité. En effet, après son interruption vers 6 ou 7 ans, le développement de la sexualité ne reprend qu'à l'adolescence (la période intermédiaire s'appelle la phase de latence). L'adolescent sera alors assailli par des sensations, des tensions, une poussée qui s'imposera en véritable besoin sexuel. Il sera maladroit, inquiet tant qu'il n'apprendra pas à s'approprier, à apprivoiser cet élément nouveau.

La discussion avec les parents est souvent évitée à l'adolescence. La pudeur est accentuée. C'est pour cela que les échanges et les paroles prononcées à 4/6 ans serviront de cadre de référence lors de la reprise pubertaire. D'où l'importance de l'attitude des parents à l'égard de la masturbation de leur enfant. Un phénomène banal, parfois excessif ou passant totalement inaperçu.

La masturbation Ce n'est pas un acte nouveau à 4 ans, mais il s'accentue à mesure que croît l'excitabilité des zones génitales. La masturbation intervient dès que les couches sont retirées. L'excitation des zones génitales était déjà possible auparavant. L'exploration par l'enfant, sur la table à langer, de son pénis ou de son clitoris, provoquait des réactions, comme l'érection chez le petit garçon. Mais, vers 5 ans, elle prend un sens différent.

En général, la masturbation chez l'enfant ne pose pas de problème, sauf quand elle devient excessive ou exposée sans pudeur au regard d'autrui. Il est insuffisant de dire : « Tu ne dois pas toucher ton sexe. » Cette formule, incomplète, équivaut à une menace : « Sinon on va te le couper », ou « Ça rend sourd », ou à une réponse de type régressif anal : « C'est sale. » Lorsque interviennent de telles réactions, les sensations éprouvées par l'enfant ne sont pas reconnues. Il perçoit l'interdit lié au fait de ressentir du plaisir. Cela revient à lui dire : « Tu ne dois pas avoir faim », ce qui n'a aucun sens. Dans ce cas, l'enfant apprendra à nier ces sensations interdites pour obéir à ses parents, au lieu d'apprendre à les

FAUT-IL INTERDIRE LA MASTURBATION ?

Pour Françoise Dolto, le seul argument recevable c'est la notion d'intimité et de pudeur face aux autres : on ne se met pas nu devant les autres quand on se lave, et aux toilettes, on ferme la porte, etc. Le mieux est de ne pas se soucier de sa masturbation pour ne pas blesser son amour-propre. « Que la masturbation soit ostensible ou cachée, ce qui importe, c'est que l'adulte ne s'y oppose ni totalement, ni au nom de principes faux, pour que soit préservé l'avenir affectif de l'enfant[1]. »

La notion de pudeur aide l'enfant à s'individualiser. Il prend conscience de son espace intime, corporel et par conséquent psychique. À l'époque de l'œdipe, il est temps pour lui de se laver seul et de ne plus prendre son bain avec ses parents. Le garçon doit avoir appris avec son père, si nécessaire, à se décalotter et à le faire seul. La fille a aussi appris à faire sa toilette intime avec sa mère et à la faire seule.

Les contacts charnels prennent pour l'enfant une connotation sensuelle et sexuelle. Que faire face aux demandes des enfants comme : « Est-ce que je peux venir dans ton bain, dormir dans ton lit, etc. ? » Il est possible d'accepter au risque d'érotiser la relation. Préférable, l'autre solution consiste, au contraire, à poser un interdit en l'expliquant de manière valorisante pour l'enfant : « Non, tu n'es plus un bébé maintenant, les grands garçons ne dorment pas avec leur maman ou ne prennent plus leur bain avec elle… Les petites filles se tiennent bien avec leur papa… Tu dormiras ou feras des câlins comme ceux-là plus tard,

1. Françoise Dolto, *Psychanalyse et Pédiatrie*, Seuil, 1971, p. 71.

quand tu seras une femme avec un homme de ton âge que tu aimeras et qui t'aimera... Ces câlins-là, c'est seulement maman qui peut les faire avec papa. Toi, tu peux venir dans mes bras pour te reposer, ou venir faire un petit câlin le matin, c'est différent. » Ces paroles permettent de marquer une séparation et un changement de statut de l'enfant, sans léser son développement normal. Il y trouve des repères pour se positionner face à ses parents et aux autres. Les anciennes habitudes changent de signification pour l'enfant et peuvent évoluer. En lui donnant le cadre de son intimité et de la vôtre, vous établissez un interdit qui l'autorise à poursuivre sa croissance et l'ouvre sur son avenir comme un être sexué.
Ces paroles posent le cadre de l'interdit de l'inceste qui signifie aussi : le plaisir reste autorisé, s'il se socialise.

canaliser, ce qui est fondamentalement différent si l'on pense à la future sexualité adulte.

L'évolution du développement apporte cette excitation qui doit être comprise, tout comme l'enfant s'est approprié les autres découvertes de son corps, grâce aux paroles éducatives des parents. Ainsi, il suffit de dire à l'enfant qu'il ressent du plaisir, ce qui est son affaire, mais qu'il ne doit pas se masturber devant les autres. L'interdit ne porte plus sur ce qui est ressenti. Le parent indique alors le cadre où cette activité est autorisée.

Le corps de l'enfant est hautement sollicité durant cette période par le développement de sa sexualité, mais aussi parce qu'il grandit. Ses capacités motrices s'épanouissent et s'affinent. Son habileté augmente et l'école s'adapte à ses nouvelles possibilités en lui proposant toutes sortes d'activités psychomotrices. L'une d'entre elles devient vite un objectif social : il s'agit du graphisme puis de l'écriture qui nécessitent, en parallèle à la sexualité, d'autres investissements corporels intenses.

Graphisme et latéralité

4 à 6 ans : une étape fondamentale entre la petite enfance et les apprentissages scolaires

Les troubles au cours de cette période peuvent se répercuter sur la scolarité de l'enfant. Il est donc préférable de les prévenir. Nous avons fait le choix d'aborder l'aspect scolaire de cette période d'école maternelle sous l'angle peu ou mal connu, et pourtant fondamental, de la latéralité. La structuration de la latéralité intervient au moment de l'œdipe. Toute l'affectivité en jeu au cours du développement de la personnalité influence donc le processus de latéralisation. Les conditions de réussite à l'école primaire en dépendent à leur tour.

Le graphisme est un apprentissage complexe qui se développe au cours des trois années de maternelle en suivant une progression par étapes.

La latéralité est marquée par une spécialisation de chaque main. Elle est nécessaire à la précision du geste graphique. Celle-ci dépend de la maturation neurologique et de la capacité qu'a l'enfant d'anticiper ce qu'il veut représenter par le graphisme.

Les étapes de développement du graphisme chez l'enfant entre 4 et 6 ans, les prérequis nécessaires pour entrer à l'école primaire

Nous sommes toujours émus en découvrant les premières œuvres de nos chérubins vers 2 ans et demi ou 3 ans, quand le contrôle du début et du point d'arrivée d'un trait est acquis.

Les premières figures fermées ont une véritable valeur représentative[1].

Entre 4 et 5 ans, les progrès sont les plus importants : les bonshommes-têtards (un rond et des filaments) se perfectionnent et voient leurs jambes grandir, les maisons s'enrichissent, ainsi que les thèmes. Le rond, le carré, le rectangle et le triangle sont utilisés dans les dessins. Il faut attendre 6 ans pour que le dessin prenne des significations moins projectives et plus sociales.

Avant 6 ans, l'enfant a une prédilection pour le Père Noël et la petite souris. La pensée est souvent magique et l'irrationnel l'emporte encore, pourvu qu'il donne une satisfaction aux désirs infantiles. Parfois cela dure encore en CP et même en CE1, avec des doutes, surtout pour le Père Noël. La petite souris a pris le relais en fin de maternelle et en début de CP quand les dents de lait ont commencé à tomber.

La rationalité et la logique dominent de manière progressive à partir de 6 ans, avec un souci d'objectivité conventionnelle, réaliste. On observe un déclin de ces dessins typiques vers 7 ans. Les « investissements » se déplacent alors sur un autre terrain.

Par ailleurs, l'enfant qui a été scolarisé et passe en CP, a eu l'entraînement graphique nécessaire pour maîtriser les lettres bâton et liées, reproduire des « rythmes » de formes géométriques ou les formes de base contenues dans les lettres. Il doit être capable de dessiner, de reconnaître et de nommer un carré, un cercle, un rectangle, un triangle, et surtout un

1. Elles sont mises en jeu par la fonction symbolique qui a déjà permis au langage de se développer et permet ensuite de réaliser des représentations avec des signes écrits, visuels ou sonores.

losange. Ce dernier nécessite plus de maturité au plan spatial : la perception, la représentation et la réalisation en sont assez complexes du fait des obliques, tout comme le seront à leur tour l'écriture et la lecture.

Le graphisme demande, lors de la réalisation gestuelle, une combinaison de l'espace et du temps dont la maîtrise s'est développée avec la psychomotricité de l'enfant (notamment les coordinations et la motricité fine). L'écriture, comme la lecture, est un acte de codage-décodage de signes abstraits qui nécessite la mise en place des bases spatiales. Celles-ci sont indispensables au développement, plus élaboré, de la capacité d'abstraction et de la logique mathématique.

Qu'est-ce que la latéralité ?

• **Un repère spatial** que l'individu utilise à partir de son corps, pour se situer par rapport au monde extérieur. Le sujet, les autres et aussi les objets sont situés les uns par rapport aux autres dans l'espace. Un enfant bien latéralisé utilisera les concepts de droite et de gauche. La latéralisation, c'est la connaissance spatiale, ainsi que la spécialisation motrice des membres du corps (par exemple, une main écrit et l'autre soutient).

• **Un ancrage psychomoteur**[1]. La latéralité s'acquiert par différenciation et complémentarité des deux côtés du corps, grâce à l'expérience psychomotrice. Elle suit des étapes précises. Elle dépend du développement neurologique et de l'intériorisation de ces espaces différenciés que sont la droite et la gauche. Parler de latéralité fait

---

1. *Cf.* pp. 186 et 216.

donc appel aux concepts de droite et de gauche, au repérage spatial et à son utilisation.

Un enfant peut avoir des difficultés à acquérir ces notions de latéralité, et donc à se représenter l'espace, à l'intérioriser puis à l'utiliser. Mal se situer dans l'espace rend difficiles toutes les sortes de repérages comme ceux nécessaires à la lecture, à l'écriture, aux mathématiques, au positionnement lors de mouvements corporels dynamiques, et plus tard au déchiffrage d'un plan ou à l'orientation dans la rue. Il s'ensuit des maladresses et des problèmes de lecture ou d'écriture, activités qui nécessitent un maniement et une organisation spatiale élaborés. Mal se repérer et s'orienter dans l'espace engendre aussi une anxiété liée au manque de repères et donc d'autonomie.

On observe des troubles spatiaux ou de latéralisation chez la plupart des enfants de plus de 6 ans

POURQUOI LA LATÉRALITÉ EST-ELLE SI IMPORTANTE POUR L'ACQUISITION DES APPRENTISSAGES SCOLAIRES ?

La période entre 4 et 6 ans, où la latéralité se développe le plus, correspond surtout aux deuxième et troisième années de maternelle. Se mettent en place, de façon progressive et simultanée, les fondations et les acquis nécessaires aux apprentissages de la lecture, des mathématiques et de l'écriture. Les repères spatiaux, dont la latéralité est une composante, en constituent la base indispensable.

Ces fondations doivent être solides pour que la personnalité et les activités intellectuelles se poursuivent en harmonie au cours de la scolarité.

ayant des difficultés en lecture, écriture ou mathématiques. Ces troubles étaient déjà là, tapis en amont depuis l'âge de 4-6 ans.

L'écriture nécessite une bonne latéralité pour bien se développer

Le choix de la main qui écrit est normalement déterminé par la latéralité neurologique de l'enfant. C'est-à-dire une dominance latérale innée qui rend efficace la collaboration de la droite et de la gauche. Ce choix spontané s'impose naturellement à partir du corps de l'enfant. Ses nerfs se recouvrent progressivement d'une gaine de myéline, qui permet à l'influx nerveux de parcourir plus vite le trajet. Plus cette maturation se développe, plus les gestes sont complémentaires, rapides, précis. Ce phénomène neurologique s'achève vers 7 ans.

Le développement de l'apprentissage du graphisme et de l'écriture chez l'enfant de 4 à 6 ans montre que l'écriture est une vraie construction dans l'espace. Elle se fait parfois en boustrophédon (c'est-à-dire comme la charrue tire le sillon, le premier rang de gauche à droite, puis le deuxième de droite à gauche, etc.), ou simplement en miroir (en regardant dans un miroir, ce qui est écrit devient lisible normalement). Parfois aussi, différentes orientations spatiales sont combinées selon les axes horizontal (inversion droite/gauche) et vertical (inversion haut/bas).

La direction que prend l'écriture[1] est imprégnée par la symbolique paternelle et maternelle (par

1. *Cf. Naissance de l'écriture cunéiforme et hiéroglyphes :* Galeries nationales du Grand Palais, 7 mai-9 août 1982, éditions de la Réunion des musées nationaux, 1982.

exemple, dans les dessins d'enfant sous la forme du soleil et de la lune). Ainsi, les peuples qui écrivent de gauche à droite utilisent le calendrier solaire, tandis que ceux qui écrivent de droite à gauche utilisent le calendrier lunaire.

GAUCHE OU DROITE, ŒDIPE DOIT CHOISIR

L'âge où le graphisme se développe chez l'enfant est aussi celui de la période de résolution de l'œdipe. Les grandes notions en jeu, comme la différence des sexes et l'identification aux parents, sont condensées symboliquement dans le concept de latéralité[1].
Une latéralité bien structurée correspond à un passage œdipien structurant et aboutit à une identification réussie. Un trouble de latéralité est un trouble de la structuration spatio-temporelle qui aura des conséquences sur les apprentissages scolaires.

Qu'est-ce qu'un bilan de latéralité ?

Un bilan de latéralité permet de déterminer si un enfant est droitier ou gaucher au-delà des apparences. Un psychomotricien a la compétence pour différencier la latéralité neurologique de la latéralité usuelle à l'aide d'épreuves de latéralité très spécifiques. Il diagnostiquera aussi les éventuels troubles de latéralité.

1. *Cf.* Sylvie Cadie, *Latéralité et Image du corps chez l'enfant. Approche psychanalytique*, Paidos/Bayard éditions, 1988.

La latéralisation, tout comme l'ensemble du développement psychomoteur, suit des étapes connues

La connaissance sur soi de ses mains droite et gauche est acquise entre 5 et 6 ans. Il est nécessaire d'avoir acquis auparavant une connaissance de son schéma corporel et une expérience corporelle et spatiale. Pour cela, l'enfant doit évoluer dans un climat de disponibilité et de sécurité affective pour symboliser ces repères en les associant aux termes « droite » et « gauche ».

Dire où sont les mains gauche et droite de quelqu'un qui est placé en face, en miroir, constitue une deuxième étape, dépendante de la précédente, qui sera acquise vers 6/7 ans et qui nécessite d'effectuer mentalement un retournement spatial. Cette opération est une abstraction qui se fonde sur des repères corporels suffisamment bien intégrés.

Plus tard, l'enfant pourra dire de trois objets comment ils sont placés les uns par rapport aux autres. Les repères décentrés deviennent indépendants de son corps propre et l'orientation spatiale autonome. Les repères spatiaux partent d'abord du corps propre, s'élargissent dans la relation duelle, puis plurielle, pour s'ouvrir enfin sur l'environnement.

Le développement psychomoteur est essentiel aux développements ultérieurs. À l'école maternelle, les activités variées visent à la maîtrise de la motricité fine, parfois contraignante, qui nécessite que l'enfant accepte de s'y soumettre. À l'école, la psychomotricité est l'enjeu de la plupart des activités éducatives. Il s'agit de développer les repérages de l'enfant dans l'espace et le temps qui, plus tard, permettront la capacité d'abstraction, l'écriture, la lecture, le calcul.

LA MAIN, EXPRESSION DE LA PERSONNALITÉ

Dès les premières semaines de la vie, la main est l'objet privilégié des investissements. Progressivement, l'œil la dirige et la guide. Les apprentissages scolaires nécessitent un développement à la fois sensoriel et moteur de la main tendant à la perfection.

La main sert d'interface d'échange entre le psychisme et l'extérieur, comme récepteur grâce au sens du toucher, comme émetteur qui effectue ce que la pensée élabore pour agir. La main est un organe de communication.

Le dessin et l'écriture sont les traces, laissées par la main, de gestes spatiaux complexes. Ces activités symboliques demandent à l'enfant d'ajuster harmonieusement le tonus musculaire de sa motricité.

Le graphisme est la résultante de l'affectivité intérieure, de la motricité du sujet et de règles sociales. Ainsi, le graphisme est une adaptation de la personnalité à la fois au monde extérieur et intérieur.

Le dessin de l'enfant de 3 à 6 ans est très fortement associé à son affectivité, à ce qu'il vit et à son désir de le communiquer. Les graphologues savent bien maintenant décoder cette affectivité chez les adultes.

Le sens de l'écriture (de gauche à droite en Occident), la forme des lettres et le choix de la main qui va dessiner s'imposent vite. Le sens de l'écriture est une convention sociale et agit comme une loi extérieure. Autrement dit, il y a des contraintes et un code commun à respecter. En revanche, le choix de la main s'impose à l'enfant, avec les règles qui régissent l'organisation neurologique propre à chacun.

Les sens cachés de la latéralité

C'est parce que la latéralité constitue un support affectif symbolique qu'elle joue un rôle important à travers le corps de l'enfant. Les exemples qui suivent illustrent pourquoi la latéralité constitue un terrain pour l'expression de nombreux problèmes œdipiens. Comme l'écriture, les mythes, le langage et les symboles artistiques[1] sont fortement imprégnés par le concept de latéralité. Ils dévoilent la même équivalence de signification entre les notions de droite et de gauche, et les oppositions de type bien/mal, mort/vivant, sacré/profane, masculin/féminin.

Les correspondances établies entre la droite et l'homme, d'une part, la gauche et la femme, d'autre part, apparaissent dans de nombreux rites, attitudes ou mythes. Il existe en Inde du Sud[2] des castes de main droite et de main gauche. Dans la civilisation indienne, la main droite est la main noble et pure, et la main gauche est la main impure, honteuse, défavorable. L'aspect androgyne de Civa, appelé Ardhanârî, c'est-à-dire « qui est épouse en sa moitié gauche », est tel que la moitié gauche du corps est féminine et la moitié droite masculine.

---

1. Auguste Rodin a admis dans ses œuvres une dualité qui associe à la main droite l'idée de dieu, de création, du sacré, de l'esprit et de la loi, et à la gauche, l'idée du péché, de la sexualité, du profane, de la mort et de la femme. *Cf. Rodin, les mains, les chirurgiens,* catalogue de l'exposition du musée Rodin, 30 novembre 1983-9 janvier 1984.
2. André Bareau, « Norme et Latéralité dans la civilisation indienne », in *Main droite et Main gauche, norme et latéralité,* ouvrage collectif, PUF, 1968.

Le langage lui-même est imprégné de ces significations[1] et attribue à la main droite le sens de la bonne main qu'il faut employer pour se conformer aux exigences de la société. La main forte, correcte, qui « convient », est la dextre. Ce mot semble être dérivé de la même racine que le mot « décent ». La senestre, par opposition à la droite, est la main tordue, oblique, faible ou mauvaise. La main gauche reste le côté défavorisé du point de vue physiologique et social auquel s'attache quelque marque sinistre. Ce terme « sinistre » est lui-même emprunté au latin où il désignait essentiellement la main gauche. Ainsi, dans l'inconscient, la droite ou la gauche sont équivalentes mais ne valent que l'une par rapport à l'autre, dans leur opposition, tout comme le jour existe parce qu'il y a la nuit, et vice versa. Le langage se construit suivant ce modèle. S'il n'existe pas de négation dans l'inconscient[2], il existe des valeurs d'opposition. Par conséquent, les rapports spatiaux d'opposition droite/gauche, père/mère ou homme/femme prennent le même sens par similitude, celui de la différence des sexes.

Les risques d'évolution pathologique

Les troubles de latéralité

« [...] J'ignore si les autres gens situent nettement et immédiatement, chez eux ou

1. André Martinet, « La Dextre et la Hiérarchie des valeurs linguistiques », in *Main droite et Main gauche, norme et latéralité, op. cit.*
2. Voir à ce propos : « La Négation », Freud, 1925, in *Résultats, Idées, Problèmes*, ainsi que l'article d'Émile Jalley, « Opposition » (concept d'), in *l'Encyclopædia Universalis.*

chez les autres, leur droite et leur gauche. En ce qui me concerne, il fallait autrefois que je réfléchisse pour savoir où était ma droite, aucune sensation organique ne me l'apprenait. Pour m'en rendre compte, je devais aussitôt faire semblant d'écrire. [...] Il est possible que mon misérable pouvoir de détermination de l'espace vienne de là, d'où l'impossibilité où je me suis trouvé d'étudier la géométrie ou les sciences apparentées à la géométrie[1]... »

La latéralité est liée, chez l'enfant de 4 à 6 ans, à l'affectivité. Son observation constitue une information d'une grande richesse pour les parents, éducateurs et thérapeutes. Difficultés de représentation ou de repère spatial, immaturité neurologique, maladresse, gaucher ou droitier contrariant. Les troubles de latéralité se manifestent de façons diverses et sont le plus souvent une combinaison de ces différents éléments.

Les difficultés de repères se traduisent par la confusion droite/gauche, mais aussi devant/derrière, dessus/dessous et haut/bas. Ils peuvent être consécutifs à un retard psychomoteur chez un enfant maladroit envahi de syncinésies[2] et n'ayant parfois pas encore différencié sa main directrice de

1. Extrait d'une lettre écrite par Freud à Wilhelm Fliess (lettre 80 du 29/12/1898). Sur le même sujet, voir également la lettre 81 du 4/1/1898, in Sigmund Freud, *La Naissance de la psychanalyse*, PUF, 1956 (pp. 213 à 216 de l'édition de 1986).

2. Mouvements parasites qui, par exemple, ont lieu sur la main gauche quand la droite est en mouvement. Il en existe plusieurs sortes et leur présence est proportionnelle au degré de maturation neurologique. Elles tendent à diminuer fortement après 7 ans. Elles renseignent alors plus sur le contrôle moteur et l'émotivité.

l'autre qui est complémentaire. Ils affectent souvent des enfants au comportement inhibé ou, au contraire, instable. Le manque d'autonomie, psychique ou corporelle, y est toujours associé.

Pourquoi beaucoup d'enfants sont-ils gauchers ou droitiers « contrariants » ?

Un gaucher contrariant est un enfant dont la latéralité neurologique, naturelle pour lui à droite, est en contradiction avec sa latéralité usuelle à gauche. Le gaucher contrariant utilise sa main gauche de préférence et écrit avec elle. Pour cela, il n'a subi aucune influence extérieure, et ceci est d'autant plus étonnant qu'il aurait été plus facile et naturel pour lui d'écrire avec sa main droite.

Les repères spatiaux « droite et gauche » sont imprégnés de significations d'ordre affectif en rapport avec les repères parentaux « père et mère ». Une souffrance psychique qui a lieu pendant la période œdipienne peut donc s'exprimer en tant que symptôme sous forme de latéralité « contrariante ». De ce fait, le problème se répercutera non seulement sur les apprentissages scolaires et non scolaires, mais aussi sur la représentation spatiale et l'évolution des fibres nerveuses et musculaires de l'enfant.

Le divorce et l'œdipe ne font pas bon ménage !

Presque toujours, une latéralité « contrariante » est la trace inconsciente d'un conflit œdipien difficile à résoudre ou en attente de compromis. Confronté à un choix impossible entre son père et sa mère, l'enfant semble avoir « préféré » les deux afin d'éviter d'avoir à choisir.

Au mieux, il devient « ambidextre », c'est-à-dire « adroit » des deux mains. La situation conflictuelle liée à une séparation ou à un divorce survenant pendant la période œdipienne marque ainsi souvent le développement de la latéralité qui offre un terrain sensible à cet âge. Si le divorce est la partie visible de l'iceberg, le trouble de latéralité en est la partie immergée.

En général, à partir de 6 ou 7 ans, ces enfants viennent d'abord consulter un orthophoniste pour dyslexie, échec scolaire, dysgraphie, lenteur ou maladresse. Hélas, le psychologue n'est consulté, le plus souvent, qu'après l'échec ou au vu de l'insuffisance des rééducations entreprises, et notamment quand s'y ajoutent des troubles du comportement, comme l'inhibition et l'instabilité, voire même des phobies scolaires.

Les motifs de consultation en orthophonie portent sur les aspects visibles et instrumentaux du trouble. Généralement, la consultation est d'autant plus tardive que l'enfant compense et masque ses difficultés, ou que l'on attribue ses difficultés à de l'immaturité. Les échecs s'enchaînant au cercle vicieux de l'opposition et de la phobie face au graphisme ou même à la scolarité en général sont alors très loin du simple piège à débusquer. L'attitude appropriée consisterait à consulter un psychomotricien, voire en même temps un psychologue.

La latéralité de l'enfant est donc à la fois consciente et inconsciente. Le « choix » de l'enfant « contrariant » est un arrangement qui a un sens pour lui. Il est important d'intervenir avant que se produisent en cascade des troubles plus complexes (dyslexie, dysorthographie, dysgraphie ou difficultés d'abstraction).

LATÉRALITÉ : QUELLE DIFFÉRENCE ENTRE LES GARÇONS ET LES FILLES ?

- La latéralité s'inscrit sur le corps en tant que trace inconsciente de l'identification au parent de même sexe et de la différenciation du parent de sexe opposé. Elle trace aussi la manière dont l'enfant s'est dégagé de l'œdipe. Il s'agit donc encore d'une différenciation entre soi et l'autre, d'une séparation symbolique.
- Elle marque la synchronie de deux événements, l'œdipe et la latéralisation, le second étant le témoin privilégié et référentiel du premier.
- Les troubles de latéralité et les troubles spatiaux de repérage, de connaissance de la droite et de la gauche, ainsi que les latéralités « contrariantes », sont des phénomènes psychosomatiques parce que des faits psychologiques influent sur le développement du corps en s'y inscrivant comme une mise en mémoire.

Droite et gauche marquent sur le corps la différence des sexes, et ces signes se lient à l'interdit de l'inceste par leur effet organisateur et différenciateur sur le corps et l'espace.

Des études statistiques[1] montrent de manière hautement significative que les garçons sont plus souvent atteints que les filles par ces troubles de latéralité. Nous pouvons avancer l'hypothèse que ceci est dû à la double différenciation que le garçon doit effectuer pour se dégager de l'œdipe. Il doit se différencier de sa mère, puis de son père. La fille reste identifiée au parent de même sexe.

1. « Fréquence des gauchers et ambidextres chez les étudiants parisiens », R. Kherumian, in *Main droite et Main gauche*, *op. cit.*

Les signes alarmants

Trois axes importants du développement sont en interaction entre 4 et 6 ans :

- le développement psychomoteur (la latéralité)
- le développement affectif (l'œdipe)
- le développement intellectuel (les potentiels, capacités d'abstraction, repères spatio-temporels, et prérequis scolaires)

Ils doivent être homogènes et arriver à une certaine maturité à la fin de la première enfance pour que l'accès au CP se fasse dans de bonnes conditions. L'enfant doit alors être dégagé de tout conflit psychique ou familial, et en pleine possession de ses moyens. Tous les signes persistant dans ces domaines sont à considérer comme les prémisses d'une difficulté chez l'enfant.

Précisons toutefois que de simples débordements transitoires dans l'une des différentes lignes du développement ne constituent pas de véritables problèmes s'ils se réajustent facilement en parlant avec l'enfant.

Il est utile de consulter un psychologue si les parents éprouvent un sentiment d'inquiétude ou d'impuissance à aider leur enfant, à endiguer sa tristesse, ou face à une alerte d'ordre scolaire. Le plus souvent, à cet âge, les troubles sont réversibles et ne durent pas.

Les signes qui doivent retenir notre attention chez l'enfant sont :

- les cauchemars et les perturbations du sommeil, les peurs, un problème de propreté, d'hyperémotivité, une difficulté relationnelle à la maison ou à l'école ;
- les problèmes de comportement comme l'inhibition, l'instabilité et l'agressivité (ils engendrent

des rêveries, un retrait, un rejet et de futurs troubles de la concentration) ;
- les problèmes de graphisme, de langage et de communication, de logique, de repérage spatial et temporel ;
- les insuffisances de l'autonomie en général, de la capacité à être seul, à se séparer, à jouer, mais aussi à accepter les contraintes quotidiennes ;
- les problèmes d'ordre psychosomatique qui deviennent chroniques, même s'ils se soignent symptomatiquement par des médicaments (asthme, eczéma, maladies des sphères cutanées, ORL ou digestives) et les inhibitions de la croissance sans raisons médicales (comme les nanismes psychogènes).

Épilogue

Les dessins des mariés et de Hansel et Gretel, après notre discussion sur « la petite souris », ont dirigé nos échanges sur le besoin d'identification de Marianne et son autonomie. Très vite, elle s'est dégagée des préoccupations de sa mère et a poursuivi son développement. Ses peurs, son comportement de séduction à l'égard de son père, son inhibition en classe et avec les autres enfants ont pris une forme paisible, sans excès. La préoccupation de Marianne était bien œdipienne. En sa présence, nous avons évoqué à plusieurs reprises avec ses parents leur séparation, l'hospitalisation de Nathalie et la naissance de son frère. Différencier la réalité de son imaginaire a permis à Marianne de lever les « menaces » qui entravaient sa vie. Rassurée sur ses liens, déculpabilisée quant à ses pensées, Marianne a remis en « jeu » ses conflits œdipiens pour les résoudre. Notre relation psychothérapeutique aura été de courte durée et a simplement visé à la reprise du développement de sa personnalité. Marianne présentait des signes de souffrance, mais pas encore de psychopathologie.

En revanche, sa latéralité, marquée comme un fossile, garde l'empreinte du passé. Le trouble constitué est donc résiduel. Il nécessite une aide pour que la dysgraphie et la lenteur de Marianne n'évoluent pas en problèmes scolaires plus complexes. Le bilan de latéralité conseillé a été suivi de séances de rééducation psychomotrice dans lesquelles Marianne s'est vite investie avec plaisir et bénéfices. Ses parents, en levant leurs propres confusions, ont permis ce dénouement prompt et heureux. Leur attitude, en devenant claire et différenciée, a donné des repères solides à Marianne et facilité les changements. Parfois, la souffrance, importante et complexe, trouve un apaisement simple et rapide. J'en ai éprouvé un grand bonheur, Marianne et ses parents forment une famille très touchante.

VII

LES PIÈGES DE LA SURPROTECTION

ROMAIN

Surprotection, dyscalculie, autonomie,
agressions, échec scolaire, retard psychomoteur.

Le père de Romain demande au téléphone un rendez-vous en urgence : son fils vient de subir un grave traumatisme.

Romain est pâle, angoissé, en pleurs. Ses sanglots l'empêchent de me parler. Son père m'explique à sa place : « Un homme a voulu l'enlever, heureusement il s'est échappé. Il a couru se réfugier dans un café où le patron a appelé la police. Nous sortons tout juste du commissariat avec le directeur de l'école qui nous a rejoints. »

À 10 ans, Romain est grand pour son âge, joufflu et pataud. Son attitude est repliée, la tête toujours baissée, le visage peu expressif. Une fois seul avec lui, je lui demande de raconter avec précision ce qui lui est arrivé. Ce n'était pas un jour ordinaire : pour la première fois, il devait se rendre seul à l'école, après avoir écouté les recommandations insistantes de ses parents. Cette décision a été prise d'un commun accord avec le directeur, en vue de lui faire acquérir plus d'autonomie. Arrivé devant le seul feu rouge à traverser, Romain est resté paralysé. Il n'arrivait pas à se décider à franchir le passage clouté et laissait passer les feux les uns après les autres. Sa peur d'arriver en retard augmentait. Un passant qui avait observé son immobilité lui a proposé de l'aider à traverser. Brusquement rattrapé par les mises en garde de ses parents, son histoire a pris une autre tournure dans l'esprit de Romain. Saisi d'une véritable panique, il a surtout perçu, dans le geste du passant, les dangers que redoutaient tant ses parents. Il s'est enfui à toutes jambes.

Romain est enfant unique. Il redouble son CM1 et connaît des problèmes scolaires importants. Nous nous rencontrons une fois par semaine depuis cet incident. Deux mois plus tard, un autre épisode marquant s'est produit. D'habitude, Romain attend avec impatience, debout derrière la porte de la salle d'attente, pour se précipiter dans mon bureau en souriant de joie. Ce jour-là, il est resté assis, visiblement mal à l'aise. Le fauteuil était mouillé et les toilettes inondées. Il avait uriné sur lui ! Nous avions fixé son rendez-vous à 17 heures pour qu'il vienne seul, directement de l'école. Hélas, il était trop tard ! Effondré, Romain finit par s'expliquer, en pleurs. Toute la journée, il s'est retenu d'aller aux toilettes de l'école afin d'éviter les moqueries et les brimades des autres enfants dont il est le souffre-douleur. Les récréations sont devenues un enfer.

La souffrance de Romain est ancienne. Il ne s'est jamais fait d'amis. Avec les camarades qui jouent parfois avec lui, son attitude est soumise et dépendante. Il distribue généreusement ses billes ou son goûter. Ses parents lui achètent régulièrement ces séries d'images à la mode que les enfants s'échangent, mais il se fait manipuler par les autres et préfère les donner.

Déjà à la crèche, à l'école maternelle et tout au long du primaire, ses parents ont été encouragés, parfois sans tact, à effectuer un bilan dans un service de pédopsychiatrie. Confrontés à l'hyperémotivité et à l'inhibition de Romain, ses enseignants pensaient qu'il était déficient intellectuel, qu'il avait « quelque chose ». Il était en retard sur tout. Son développement psychomoteur et ses apprentissages – marche, propreté, langage, graphisme – étaient toujours décalés par rapport à ceux des enfants de son âge. Les parents de Romain, se sentant agressés et incompris, ont préféré sortir leur fils de la crèche pour le mettre chez une nourrice. Puis son père, pendant une période de chômage, a gardé Romain à la maison, au lieu de le faire entrer à l'école maternelle. Sur l'instance bienveillante de leur pédiatre, il est retourné en collectivité en deuxième année de maternelle, uniquement le matin. L'année de CP a été catastrophique autant au niveau des apprentissages que du point de vue relationnel et des rapports tendus entre les parents et la maîtresse. Ceci les a amenés à inscrire leur fils dans une école privée, en CE1, d'où il a été retiré une fois de plus en fin de deuxième année. Les parents ont fini par accepter un bilan psychologique. Après avoir évalué le quotient intellectuel (Q.I.) de Romain, mon confrère a conseillé une classe d'adaptation et une rééducation orthophonique pour sa dyscalculie. Un suivi psychologique a également été recommandé devant l'immaturité de cet enfant, ses angoisses et la surprotection de ses parents. Romain a été accueilli en CM1, dans une école possédant une classe à effectif réduit pour les enfants en difficulté scolaire.

Le Q.I. présentait des dysharmonies, tout en restant dans la norme par rapport aux enfants de son âge. Rassurés sur les capacités de Romain, ses parents ont suivi les deux premiers conseils de mon confrère mais ne sont venus me voir qu'après ce fameux traumatisme.

Cette année, Romain n'est plus dans une classe d'adaptation mais redouble son CM1 en effectif normal. Au prix d'un nombre incalculable d'heures passées à travailler avec ses parents, il se maintient tout juste à niveau dans la plupart des matières, sauf en mathématiques où persistent de sérieuses difficultés.

Il est nécessaire de parler souvent avec les parents de Romain. Démunis devant le cumul des difficultés, ils me téléphonent au moindre problème. Ils sont très anxieux et m'ont confié dans quel climat d'angoisse Romain est né. Mariés tardivement, ils ont rapidement voulu un enfant. Après des années d'essais douloureux et infructueux, de fausses couches, d'attentes déçues, d'examens et de traitements médicaux, ils ont envisagé, en dernière ressource, une fécondation in vitro *avec donneur. Prêts à renoncer après de nouveaux échecs, ils se sont renseignés sur les différentes possibilités d'adoption. C'est alors que la maman s'est trouvée enceinte de Romain !*

Pour ces parents, l'angoisse de perdre leur enfant ne les a jamais quittés. Une fois sorti de la maternité, Romain n'a pas dormi seul avant 6 ans. Ses troubles du sommeil témoignent de l'angoisse de ses parents : « Jusqu'à l'âge de ses 2 ans, il fallait que j'intervienne tout de suite quand il se réveillait. Je l'ai allaité en lui donnant encore un peu le sein jusqu'à la fin de sa première année, pour le calmer avant de dormir. Je ne supportais pas qu'il pleure, cela me déchire toujours. Je l'ai tellement attendu. Il faut que je fasse tout pour lui, qu'il ait tout le bonheur possible, qu'il ne souffre pas. Il a bien le temps de découvrir les difficultés de la vie. Il y a tellement de dangers dehors, il peut bien profiter de son enfance. » Son mari partage cet avis. Il pense que les enseignants ne le comprennent pas. « L'école n'est vraiment pas adaptée et les enseignants ne sont plus motivés. Ils n'ont pas de patience, sont trop exigeants et rigides. Avec nous, Romain travaille bien, il apprend correctement et fait ses exercices. Je ne comprends pas pourquoi, le lendemain, il obtient des mauvaises notes à un contrôle portant sur les mêmes leçons. Romain est un enfant très sensible, comme nous. Mais cette année, c'est la première fois qu'il est moins stressé car sa maîtresse est très douce et maternelle. »

Analyse de la situation

Depuis sa naissance, Romain ne dispose d'aucune autonomie et sa dépendance par rapport aux autres s'est déplacée d'une situation à l'autre : de l'alimentation au sommeil, puis de la socialisation aux apprentissages. Aujourd'hui, il est envahi d'angoisses dès qu'il doit agir seul. Il est « invalide » du point de vue cognitif, relationnel et émotionnel. Sa souffrance psychique s'est accrue avec les années et les difficultés scolaires . Comment en est-il arrivé là ?

Premier piège : la générosité d'une « parentalité » difficile

Les parents de Romain sont relativement âgés. Ils sont surtout passés par des étapes longues et douloureuses avant d'avoir cet enfant. Près d'y renoncer, ils envisageaient une adoption. Romain, trop attendu, est venu de manière imprévue. C'est peut-être ce qui lui a évité un destin pathologique plus grave[1]. Il a été désiré, c'est le moins que l'on puisse dire. Mais son destin a été surdéterminé par l'histoire de ses parents. Il lui restait peu d'individualité. Attendre un enfant dans un climat où se succèdent espoirs et déceptions produit des effets complexes chez tous les parents qui ont ce type de parcours. Le cumul des frustrations est souvent vécu par eux comme une privation du droit d'avoir un enfant.

L'enfance du père et de la mère, leur relation avec leurs propres parents pèsent de tout leur poids. Ils transmettent à leur enfant leur capital, constitué de leurs points sécurité/risque[2], acquis chacun dans leur enfance.

La maman de Romain a été adoptée très tôt. L'histoire de son adoption résonne de manière particulière avec sa propre difficulté à devenir mère. Ses angoisses d'abandon sont réactivées, même si son adoption s'est bien passée[3].

De son côté, le père de Romain a eu une mère absente dès sa naissance. Malade chronique, elle a dû être plusieurs fois hospitalisée et mise en convalescence. Pendant ce temps, le père de Romain était confié à droite ou à gauche

1. L'effet de surprise lié à sa conception naturelle a introduit un espace personnel. Sa propre existence s'est ainsi différenciée de celle imaginée par ses parents (*cf.* « Enfant imaginaire et Enfant réel », p. 35).

2. *Cf.* pp. 69-71.

3. L'adoption la mieux « réussie » n'aurait pas le pouvoir d'effacer la réalité de l'acte d'abandon qui l'a précédée.

à des membres de sa famille. Travaillant la nuit, le mari ne pouvait pas s'occuper de ses enfants pendant les absences de sa femme. Le père de Romain est donc resté très marqué par ses angoisses infantiles : il pensait que sa mère mourrait sous peu (elle est toujours en vie). Sa scolarité chaotique a été entrecoupée de changements et d'absences. Il ne suivait pas en classe et a été placé en internat dont il garde un souvenir épouvantable. Dès que possible, il a quitté l'école pour passer un CAP de peintre. Depuis sa période de chômage, il a créé son entreprise qui est en plein essor.

Malgré eux, les parents de Romain sont plus attentifs à réparer leur propre enfance qu'à aider leur enfant à grandir. D'où leurs accusations contre les enseignants ou leur discours sur l'importance du bien-être des enfants, la nécessité de les préserver le plus longtemps possible des difficultés de la vie. Malheureusement pour eux, un enfant doit apprendre à aller vers les autres, se séparer, s'endormir, supporter les petites frustrations, se défendre. Il doit aussi apprendre… à apprendre. Or, les parents de Romain anticipent tout pour lui, lui laissant peu la possibilité de penser, réfléchir ou chercher par lui-même des solutions. Protéger son enfant, c'est avant tout lui donner les moyens de prendre soin de lui-même.

L'excès de protection ne lui a pas permis de vivre des phases suffisantes d'expérience personnelle. Ce piège, maintenu si longtemps, a fait de cet enfant un véritable « handicapé psychique », dépendant de ses parents, des autres et surtout très malheureux.

Les mises en garde parentales, démesurées et envahissantes, lui ont donné du monde extérieur une image catastrophique, hostile et sans nuance. Exister seul, en dehors de ses parents, est vécu comme un interdit par Romain. Sans défense, il n'arrive pas à faire face à ses camarades, ne sait pas créer des liens, se faire respecter ou résoudre les conflits qui surgissent entre enfants.

Deuxième piège : confondre apprendre et mémoriser

Les difficultés relationnelles et émotionnelles de Romain s'expliquent. Mais pourquoi a-t-il aussi des problèmes d'apprentissage scolaire ?

Sans avoir un tel passé, de nombreux parents sont pris dans des pièges scolaires comparables avec leur enfant.

Les parents de Romain ont toutes les attitudes de protection qui finissent par enfermer un enfant dans un cocon asphyxiant. Ils pensent à sa place depuis toujours et ne lui ont jamais permis de prendre conscience par lui-même de ses sensations, ses envies et ses besoins (faim ou sommeil). Romain n'a pas pu s'approprier ce qui restait sous l'emprise d'amour de ses parents. C'est pourquoi ses expériences corporelles et psychomotrices ont été inhibées. Il n'a pas trouvé de cadre où liberté et sécurité se conjuguent avec fluidité. Il lui manquait les conditions nécessaires et suffisantes pour pouvoir explorer les notions d'espace, de durée et de temps, les intégrer et jouer avec elles. Non seulement son développement s'est ralenti, mais Romain n'a pas pris d'indépendance corporelle ni, par conséquent, psychique. Toutes les phases successives de séparation qui mènent à l'autonomie ont posé un problème. Ses parents ont continué à être constamment derrière lui à l'école primaire. Romain n'a pas pu apprendre à réfléchir seul, il ne retenait ses leçons qu'avec l'aide de son père, c'est-à-dire dans une relation affective et contrôlée. Le raisonnement et la mémorisation ne « tenaient » pas en dehors de la cellule familiale. À l'école, le contexte était différent, Romain n'était plus dans un registre d'amour ; l'angoisse d'être seul prenait le dessus, balayait tous les acquis de la veille. Ses parents voulaient qu'il apprenne bien mais ne le laissaient pas apprendre seul. Une fois de plus, ils lui ont fait « économiser » la phase d'apprentissage.

Avec ses parents, Romain se remplissait de définitions mathématiques mais les mémorisait sans les comprendre en profondeur. Il n'avait pas établi de rapport de connaissance ni de perception avec ce savoir superficiel qui résultait plus d'un gavage que d'une appropriation. C'est pourquoi, en classe, il était incapable de transférer et de généraliser ses acquis sur des problèmes ou des situations similaires, comme un élève doit le faire quand il applique une leçon à l'occasion d'un contrôle.

Le travail supplémentaire fait à la maison maintenait Romain tant bien que mal à un certain niveau. Mais cette « assistance respiratoire » ne lui redonnait pas son propre souffle. Pire encore, cet artifice tissait, année après année, la trame d'une autre difficulté. Les processus de développement de sa pensée, insuffisamment investis, n'ont pas évolué en harmonic. La capacité d'abstraction demande un vrai travail mental pour se développer. Restée immature, elle a engendré la dyscalculie de Romain.

Dans ce contexte, il ne pouvait naturellement pas avoir confiance en lui.

Le point de vue psychologique

Cette histoire illustre les effets catastrophiques des surprotections. Les incapacités à s'adapter à la réalité sont, avant tout, des difficultés à se séparer. Elles prennent leur origine tôt dans la petite enfance.

Déjà tout petit, la séparation impossible entre Romain et sa mère a engendré un retard important se répercutant sur les plans cognitif, affectif et relationnel de sa personnalité. Pour Romain, de nombreuses situations sont anxiogènes et déclenchent parfois des angoisses massives. Les circonstances de sa conception et la surprotection de ses parents ont eu des influences précoces mesurables dès sa seconde enfance. Aux conséquences psychologiques et affectives, se sont ajoutés des problèmes cognitifs, en particulier la dyscalculie. Avant de revenir sur ce point particulier, la surprotection parentale soulève d'abord la question suivante :

Quels sont les dangers qui font peur aux parents ?

Tout parent a peur de perdre son enfant. Cette angoisse est universelle. Il y a plusieurs sortes de dangers potentiels, en premier lieu les maladies et les accidents : domestiques, de la circulation, à la piscine, etc. Viennent ensuite les malveillances intentionnelles : rapt, viol, inceste et meurtre, sans oublier le racket, toutes sortes d'abus, d'agressions, de brimades.

Existe-t-il une alternative à la surprotection ?

Il est préférable de donner aux enfants les moyens de faire face aux dangers tels que la pédophilie, les agressions ou les enlèvements. D'une part, en les mettant en garde, en expliquant les moyens de les éviter et, d'autre part, en insistant sur la nécessité, en cas de problème, d'en parler afin de rechercher une solution. Un enfant, même jeune, peut apprendre qu'il n'est pas normal qu'un adulte s'adresse à lui en l'absence de ses parents, voire en secret, et cela même si c'est un proche et qu'il est gentil.

Les enfants doivent savoir que toutes sortes de séductions et d'actes sexuels sont interdits sur eux et punis par la loi. Les adultes qui agissent ainsi la transgressent et leur font du mal. Se faire respecter ou refuser que l'on touche à son corps est un droit. Il y a des gens qui les aideront.

Protéger les enfants des dangers ou de ses propres angoisses de parent

C'est le rôle des parents de veiller à protéger leur enfant. Cependant, sous prétexte de lui éviter tous les périls, on en revient parfois à l'enfermer. Même si la vie présente de réels dangers contre lesquels il faut se prémunir, ceux-ci ne doivent pas servir d'alibi à l'angoisse de séparation des parents qui se réactive quand l'enfant « s'échappe » de la maison pour explorer le monde extérieur.

L'enfant doit aussi comprendre qu'il peut être différent d'un parent prisonnier d'une peur injustifiée. Il doit grandir et franchir cette peur dans de bonnes conditions, quitte à se référer à quel-

EXISTE-T-IL DES SOLUTIONS EN CAS D'ANGOISSE PARENTALE INSURMONTABLE ?

Certains parents, conscients de leurs angoisses, ne peuvent s'empêcher de surprotéger leur enfant. Deux solutions s'offrent donc : aller consulter un psychanalyste pour eux-mêmes, ouvrir au nom de leur enfant un PEPsy (Plan d'épargne psy[1]) ! Dans ce cas, si l'enfant survit aux angoisses des parents, il constituera un véritable fonds de commerce pour les psychanalystes !

Plus sérieusement, si c'est votre cas, il faut absolument dire à votre enfant que ces dangers vous font peur, mais que lui seul peut s'en protéger. Si vous vous sentez incapable de lui en parler, dites-lui aussi que vous ne savez pas comment l'aider, mais que d'autres personnes (un membre de la famille, un enseignant ou un psychologue) peuvent le faire mieux que vous en le lui expliquant.

qu'un d'autre. Il est important de pouvoir adresser l'enfant à d'autres interlocuteurs, des tiers, l'oncle, la tante, les grands-parents... ou à un psychologue qui est là pour cela. Le lien social est utile pour permettre de diluer les effets d'un rapport duel (mère/enfant ou père/enfant) avec un parent qui se sait triste, angoissé, dépressif ou phobique.

L'enfant doit donc constamment s'approprier son corps depuis qu'il s'est séparé physiquement

1. Attention ! Le PEPsy est un produit de l'imaginaire de l'auteur. Il n'existe pas encore sur le marché !

LES PARENTS PEUVENT-ILS PROTÉGER CONTRE TOUT ?

Pour poser des interdits structurants et protecteurs, une mère et un père doivent au préalable reconnaître qu'ils ne peuvent pas tout pour leur enfant. C'est la limite de leur pouvoir. Son acceptation permet aussi à l'enfant de trouver, ailleurs ou par lui-même, ce que ses parents ne peuvent pas lui donner.

Rien ne remplace une parole bien dite. Si vous avez su poser pour votre enfant l'interdit de l'inceste[1], vous allez aussi l'aider à se protéger des dangers venant des autres. En effet, s'il a compris qu'il existe des interdits universels, à savoir, s'appliquant à lui mais aussi aux autres, il se défendra en reconnaissant les transgressions des adultes comme des actes interdits. Il saura plus facilement dire « non » en s'appuyant sur une loi bien comprise. Il ne subira pas sans défense l'autorité d'un adulte pervers.

L'interdit de l'inceste sert donc aussi à ce que l'enfant s'approprie son corps, en prenne soin, estime l'autre et se fasse respecter en retour. C'est une loi qui rend autonome et donne les moyens à l'enfant de se protéger en l'absence de ses parents.

Cet interdit pose, au-delà de lui, les autres interdits du meurtre, du vol, du viol et leurs dérivés sociaux.

En garantissant à l'enfant sa propre sécurité intérieure et extérieure, il fait pencher la balance sécurité/risque du bon côté.

1. *Cf.* pp. 152 et 179.

de sa mère à sa naissance. Au cours des premiers mois de la vie, l'individuation progressive du corps et de la personne engendre le développement du psychisme et de la pensée qui lui sont solidaires. C'est pourquoi les expériences motrices et sensorielles de la petite enfance ont une influence sur les efficiences qui se révéleront à un moment ultérieur, comme les compétences en logique, en mathématiques ou en résolution de problèmes.

Le calcul *Qu'est-ce que le calcul ?*

Le mot calcul vient du latin *calculus* (caillou) car à l'origine, c'est avec des tas de petites pierres que l'on comptait le bétail. L'homme a commencé par compter de la sorte avant d'écrire. Par la suite, les premières utilisations de symboles écrits ont servi à compter. On gravait sur des plaques d'argile le nombre d'animaux, et leurs propriétaires étaient désignés par un signe.

Être bon en maths, ce n'est pas savoir compter ou connaître ses tables de multiplication – même si c'est une étape indispensable. Les opérations mathématiques sont des maniements de symboles abstraits qui représentent des quantités, poids, volumes, surfaces. Compter, c'est avant tout avoir la capacité de représentation mentale de ces quantités. Une fois spatialisées mentalement, il est possible d'opérer des additions ou des soustractions sur elles. Il s'agit avant tout d'abstraction.

Premières expériences mathématiques, avant 2 ans

Sans langage, l'enfant doit utiliser au cours de ses deux premières années ce que Jean Piaget[1] nomme l'intelligence sensori-motrice : la résolution des problèmes est liée au mouvement et au tonus musculaire puisque le langage est encore absent. L'enfant découvre par hasard des relations de cause à effet et cherche à les reproduire (tirer sur un objet pour en faire bouger un autre). Le réel se construit et l'intelligence naît de l'action. Si on le laisse faire, l'enfant expérimente ensuite activement en variant les conditions d'expérimentation. Il cherche à découvrir et à observer des effets.

L'étape de la « permanence de l'objet » est une construction fondamentale[2]

Vers 8 ou 10 mois, « l'objet » (la maman, sa main, son pied, un jouet...) acquiert pour l'enfant

---

1. Psychologue et sociologue suisse, on lui doit une compréhension dynamique du développement de l'enfant en interaction permanente avec le monde extérieur, actif et progressif. La recherche constante d'« équilibration », où l'enfant assimile les nouvelles données du monde extérieur qu'il intègre, puis « accommode » en les appliquant à son tour, passe par des ruptures d'équilibre avant de tendre vers une autorégulation. Jean Piaget a approfondi ses recherches sur la construction de la pensée. Son approche génétique (qui suit le développement de l'enfant) est dite aussi « cognitive » puisqu'elle vise à comprendre l'acquisition des connaissances et donne des repères sur l'évolution de la pensée chez l'enfant. Elle complète l'aspect affectif et permet aussi d'éclairer les difficultés scolaires ou les décalages de certaines périodes. Cette approche cognitive s'est beaucoup développée, connaissant aujourd'hui une vogue qui tend parfois à faire oublier l'importance des aspects affectifs. *Cf.* Jean Piaget, *La Psychologie de l'intelligence,* Armand Colin, 1967.

2. *Cf.* p. 37.

la propriété d'être permanent. Même caché, il continue d'exister et l'enfant joue à le chercher. Auparavant, l'« objet » n'existait plus dès qu'il sortait de son champ perceptif (visuel ou auditif).

QU'EST-CE QUE LA PERMANENCE DE L'OBJET ?

C'est le moment clé où l'objet est constitué définitivement[1]. La pensée se crée. Des représentations permettent de « penser » à l'objet absent ou qui peut être perdu.
L'espace et le temps deviennent des coordonnées de référence de la pensée. La durée de l'absence, la possibilité du retour témoignent de la création du temps de référence. Le sujet peut se situer dans l'espace et agit sur lui progressivement. L'espace corporel se différencie de l'espace du dehors, de celui de la mère.

Un bébé doit résoudre son premier problème mathématique à 8 mois

Il comprend que si sa maman est absente, elle se trouve ailleurs ! Il peut donc l'appeler. Il la voit qui le regarde dans un miroir. Il comprend à travers ce regard reflété que c'est son corps propre que sa mère tient dans les bras. Il n'a pourtant pas encore la capacité sensorielle de ressentir son corps comme un tout unifié.

L'enfant perçoit à cet âge une propriété mathématique de l'objet, sa permanence dans le temps et l'espace. Même quand il ne le voit pas, l'objet a

1. Rappelons que cette période est contemporaine de l'angoisse du huitième mois et de la peur de l'étranger, *cf.* p. 78.

acquis une continuité d'existence, parce que le bébé a appris à garder en mémoire son image. La capacité d'abstraction s'édifie. À partir de là, l'enfant peut associer un mot à l'image mentale qu'il a de l'objet absent.

Cette étape est donc fondamentale pour l'abstraction, le développement de la pensée logico-mathématique et pour le langage qui en découle dans un deuxième temps.

Le développement de la pensée logico-mathématique

Les techniques de rééducation des mathématiques se sont développées dans le sillon de la pensée de Jean Piaget. Elles permettent de déterminer où se situe l'enfant entre différents stades. Parmi eux, la conservation de substance, du poids, du volume, des longueurs, les structures de classification, de sériation, d'inclusion, etc., constituent les fondements mathématiques de la pensée.

Le développement de l'intelligence logico-mathématique

Entre 2 et 6/7 ans, le développement[1] de la fonction symbolique suit celui de l'intelligence sensorimotrice des tout-petits qui, en l'absence du langage, se fondait sur les expériences corporelles. L'enfant multiplie ses représentations et développe ses systèmes de signes. Par exemple, le jeu « faire comme si », les imitations, le dessin ou le langage sont les activités symboliques qu'il investit le plus. Pendant cette période, la logique et le raisonnement servent à justifier le monde plutôt qu'à le

1. Piaget nomme ce stade « intelligence symbolique ou préopératoire ».

comprendre. C'est la période des croyances magiques, du Père Noël aux objets animés d'intentions (la pensée est animiste : la méchante table qui a fait mal quand l'enfant s'est cogné).

De 7 à 11/12 ans, l'enfant peut classer, sérier, dénombrer tout ce qui est concret[1]. Les volumes et les poids qui constituent les substances deviennent invariants. Ainsi, les transformations du monde physique réel sont comprises. La pensée rationnelle permet de concevoir la conservation des caractéristiques physiques. Le nombre prend un sens. Cette période est très riche en acquisitions. L'enfant maîtrise par la pensée son monde environnant. Les étapes non franchies bloqueront les suivantes. Dans ce cas, la pensée pourra régresser à un stade de pensée magique ou se maintenir au stade des opérations concrètes, sans pouvoir passer à l'étape suivante, contemporaine de l'entrée au collège[2]. Il en découlera des difficultés scolaires touchant les mathématiques, l'abstraction, le raisonnement et le maniement des symboles et du langage.

Les risques d'évolution pathologique

Les points essentiels du développement psychomoteur du tout-petit – principalement le schéma corporel, l'image du corps, les représentations de l'espace et du temps – sont en prise directe avec son environnement et les relations, corporelle et affective, avec sa mère. Si cette première étape du

1. Selon Piaget, les structures des opérations concrètes se mettent en place.
2. *Cf.* p. 242.

développement est problématique – que l'origine du problème soit psychologique ou non –, elle engendre en second lieu des troubles psychologiques : communication, humeur, relation à l'autre, à l'objet et au jeu, en même temps que des troubles psychomoteurs : équilibre, régulation du tonus, marche, langage, adresse, latéralité. Dans un troisième temps, l'évolution prend une forme plus structurée, douloureuse, complexe. L'enfant scolarisé a des difficultés plus importantes qui ne sont dépistées qu'à la suite de son échec scolaire ou de problèmes comportementaux. Ainsi, apparaissent avec les enfants de 6 à 11 ans, retard du langage, immaturité, dyslexie, dysgraphie, dysorthographie et divers troubles de l'abstraction ou du développement de la pensée logico-mathémathique (comme la dyscalculie).

Qu'est-ce que la dyscalculie ?

Un enfant dyscalculique a un problème avec le concept même du nombre : ce qu'il représente en tant que symbole d'unité : quantité, espace, volume, poids, hauteur... Il ne saura pas non plus quelle est l'opération adéquate pour résoudre un problème : addition, soustraction, multiplication ou division. Le raisonnement logique ne permet pas à un enfant dyscalculique de comprendre un problème. Il aura du mal à compter avec les dizaines qui dépassent soixante-dix, quatre-vingt-dix et nécessitent une abstraction de la pensée.

C'est donc en fin de maternelle, et surtout pendant le CP, que la dyscalculie peut se révéler puisque les enfants y apprennent à compter de deux en deux, de cinq en cinq, de dix en dix, jusqu'à cent. L'apprentissage des opérations simples s'y effectue en manipulant des objets ou ensembles d'objets différents.

Un enfant souffrant de dyscalculie a des difficultés à manipuler plusieurs propriétés d'un même objet. Par exemple : combien y a-t-il de cubes bleus et verts ; ou combien y a-t-il de cubes seulement verts ou rouges ? Ces enfants ont des difficultés de représentation et de repérage spatial, et les notions et/ou n'ont pas de signification suffisamment discriminative pour eux.

Les difficultés rencontrées par un enfant ayant une dyscalculie sont multiples :

- elles peuvent être importantes ou discrètes dans un premier temps ;
- l'arithmétique, la logique, le raisonnement, la géométrie ne sont pas toujours impliqués de la même façon dans la dyscalculie ;
- elles engendrent toujours des problèmes de communication.

Que faire ? Pour aider un enfant ayant une dyscalculie, les orthophonistes peuvent effectuer un bilan. Ils repèrent si ce trouble est partiel, s'il s'agit d'un simple retard, ou s'il est fixé sur des notions précises qu'il faut rééduquer. Lorsque ces difficultés concernent le raisonnement logico-mathématique, certains praticiens ont une formation de rééducation spécialisée[1].

En troisième année de maternelle, si les préapprentissages peuvent déjà mettre en évidence un

1. Comme celle donnée par le Gepalm (Groupe d'étude sur la psychopathologie des activités logico-mathématiques), association développée par Francine Jaulin Mannoni, *cf.* p. 284.

risque de dyscalculie, il est utile de pratiquer un bilan orthophonique et psychomoteur pour avoir un premier avis et éventuellement aider l'enfant dans un but préventif[1]. Les psychomotriciens proposent à l'enfant une approche ludique de ses difficultés en favorisant son expérience corporelle et le maniement de l'espace et du temps.

Enfin, ces troubles de l'abstraction, à des degrés divers selon leur origine et leur intensité, engendrent toujours des conflits familiaux autour du travail scolaire. Ces « réactions en chaîne » rendent difficile le diagnostic. Les signes de dyscalculie se recouvrent de tout une myriade d'autres troubles affectifs, relationnels et du comportement, qui dominent de plus en plus le tableau d'échec scolaire. D'où l'importance, en cas de doute, d'intervenir le plus tôt possible.

Épilogue

Le premier jour où Romain est allé seul à l'école, ses parents ont dramatisé son affolement sans aucun recul. Ils sont venus en urgence pour soulager leur fils d'un traumatisme qu'ils supposaient réel. Ils ont fini par constater que leurs propres angoisses les avaient menés à confondre réalité et imaginaire. Le choc de cette prise de conscience les a rassurés. Ils m'ont fait confiance et Romain a pu s'engager dans une psychothérapie. L'objectif étant qu'il se prenne en main. De leur côté, les parents ont trouvé un autre interlocuteur pour parler ensemble de leurs angoisses et en dégager leur fils.

---

1. Indications données : *cf.* p. 286.

Peu à peu, Romain a pris plus de liberté et d'autonomie dans la gestion de son travail. Sa première bagarre à l'école, au cours de laquelle il s'est défendu, a été un grand moment. Il s'est affirmé progressivement et commence à se faire inviter par ses nouveaux amis. Ses parents ont souhaité arrêter nos séances « pour qu'il ne soit pas toujours avec des béquilles dans la vie ! » Cette parole s'adressait surtout à eux-mêmes. Romain va mieux du point de vue psychologique. Il s'est mis à penser par lui-même. J'aurais souhaité prolonger nos séances encore un peu, afin d'ancrer plus solidement en profondeur la construction de son indépendance psychique. Comme les parents, les thérapeutes doivent se rappeler qu'ils ne peuvent pas tout pour un enfant. Au cours d'un travail psychologique, un enfant apprend à semer ses propres graines, surveiller quand elles germent et récolter lui-même ses fruits. Romain aura probablement des moments difficiles lors du passage en sixième ou à l'adolescence. Nécessiteront-ils une reprise de la psychothérapie ? Rien ne permet de le présager. Par contre, les mathématiques resteront encore longtemps son point faible. La rééducation orthophonique de sa dyscalculie doit être poursuivie. Cette prise en charge avec moi lui a pris du temps. Mais elle a été fondamentale pour permettre à Romain de développer avec plus d'harmonie sa personnalité, et à ses parents d'être plus attentifs à leur tendance à le surprotéger.

VIII

LES PIÈGES DE L'ÉCHEC SCOLAIRE

JULIEN

Lecture, dyslexie, orthographe, dysorthographie,
tentative de suicide, famille monoparentale,
mensonge, préadolescence.

Bénédicte, 40 ans, vient me consulter pour son fils Julien en se demandant qui a le plus besoin de voir un psychothérapeute. « Antoine, mon fils aîné de 16 ans, est rentré déjeuner à l'improviste la semaine dernière parce qu'un de ses professeurs était malade. En allant dans sa chambre, qu'il partage avec Julien, il a trouvé une lettre mise en évidence par son frère. Julien avait écrit que, au moment où nous lirions cette lettre, il aurait mis fin à ses jours. Il était malheureux de nous empoisonner la vie, regrettait d'être né, ne s'aimait pas et allait se jeter par la fenêtre de son école pour en finir. » La voix étranglée par les sanglots, Bénédicte continue en me tendant la lettre en question. « Il dit qu'il nous aime tous, demande pardon et explique que cela vaut mieux pour tout le monde. » J'attends qu'elle reprenne son souffle, remarquant l'écriture encore enfantine. « Qu'ai-je fait pour qu'il en soit arrivé là ? Antoine m'a tout de suite prévenue à mon travail. Je me suis précipitée à l'école après avoir appelé la directrice. J'ai trouvé Julien effondré dans son bureau, il n'a pas desserré les mâchoires. Je ne saurai jamais s'il serait passé à l'acte sans l'intervention de son frère. Nous sommes allés voir sa pédiatre en urgence. Elle a eu un long entretien privé avec lui et m'a conseillé de venir vous consulter.

Mon fils a 12 ans, il est en CM2. Il est adorable avec son frère et moi. C'est un enfant apprécié à l'école et par ses amis. Leur père ? Antoine est le fils de mon premier mari. Après mon divorce, j'ai eu Julien avec un homme que j'aime toujours. Il est marié et a d'autres enfants. Je voulais qu'il soit le père de mon deuxième enfant et j'espérais qu'il quitterait sa femme. Cela ne s'est pas fait et il n'a pas reconnu Julien. De temps en temps, il passe ou me téléphone, mais lui et Julien sont comme deux étrangers. Après cette lettre, je ne savais plus à qui parler et j'ai appelé son père. Il m'a dit la même chose que le jour où je lui ai annoncé la naissance de Julien : « Ça ne me concerne pas ! » Je pense que cela pèse lourd pour Julien. Il voit qu'Antoine a une bonne relation avec son père. C'est d'ailleurs mon ex-mari qui a le plus réagi à cette histoire. Antoine a eu très peur pour son frère et a appelé son père. Ils s'entendent bien tous les trois. Le père d'Antoine est formidable, il a toujours emmené Julien en vacances avec son fils. Ce soir-là, ils sont allés au restaurant pour « parler entre hommes ». Julien allait mieux en rentrant. D'après le père d'Antoine, Julien est surtout préoccupé par ses difficultés scolaires. Il a fait deux CP et suit depuis quatre ans des séances d'orthophonie pour une dyslexie. Il a peur de redoubler une deuxième fois et lui a dit qu'il ne veut pas devenir clochard. Mon ex-mari l'a senti déprimé, submergé. Julien est convaincu de me décevoir. Il pense que je me consacre inutilement à lui et que je néglige Antoine. Selon lui, si je n'ai pas refait ma vie, c'est de sa faute.

Plusieurs signes auraient dû m'alerter. Julien s'est mis à me mentir depuis quelques mois. Je me suis rendu compte qu'il ne rentrait pas directement à la maison après l'école. Il traînait dehors. Et puis, il m'a menti plusieurs fois quant à ses résultats. Il se vantait de bonnes notes que la maîtresse ne devait rendre qu'à la fin de l'année. J'ai aussi cru que son carnet de notes était trimestriel, soi-disant pour les préparer à la sixième. Je suis tombée des nues lorsque la directrice m'a téléphoné au bureau. C'est elle qui a découvert que Julien imitait ma signature. Il avait mené tout le monde en bateau pendant deux mois. Je l'ai puni sévèrement en lui disant qu'il avait perdu ma confiance.

Depuis son premier CP, je passe mes soirées et mes week-ends à reprendre tout son travail avec lui. L'orthophoniste l'aide beaucoup. Elle lui a appris à lire, mais cela ne suffit pas. Il n'arrive pas à travailler seul. Si je le laisse, il peut rester le nez en l'air pendant deux heures. Rien n'a marché, ni les récompenses ni les punitions. Ses résultats sont très moyens mais, en comparaison avec les trois premières années, ses progrès sont énormes. Je suis toujours sur son dos, si je le lâche, c'est la chute assurée. En dehors des questions scolaires, il est très autonome et serviable. Il ne m'a jamais posé de problème. Même bébé, il a fait ses nuits très vite. Il était toujours gai et agréable. Je lui ai souvent parlé de son père, mais il ne semblait pas souffrir de la situation. Julien ne le considère pas comme son père, parce qu'il ne s'est jamais occupé de lui. Par contre, il lui reproche de m'avoir délaissée et l'appelle "le nul" en faisant un jeu de mot avec son nom. Alors, dites-moi si je dois continuer à vous voir pour comprendre ce que j'ai mal fait avec Julien, ou si je vous l'envoie ? »

Analyse de la situation

Julien a été élevé sans père et a paru grandir sans problème jusqu'à l'âge de 12 ans. Seul souci important du point de vue des apprentissages : sa dyslexie, en cours de rééducation, qui est à l'origine du redoublement du CP et du conflit permanent avec sa mère. Ses enseignants l'ont toujours apprécié et ont encouragé ses efforts. Rien dans son développement n'avait permis à Bénédicte d'imaginer le désespoir dans lequel il se trouvait. Julien avait des amis et n'avait jamais rien manifesté d'inquiétant avant ses mensonges. À quoi tient cet effondrement inattendu ? À l'absence du père, à la dyslexie ou à d'autres causes ?

Les pièges de la dyslexie

Julien est à bout de souffle. Depuis bientôt six ans, il s'épuise en travaillant plus que les autres. Il cumule les frustrations liées à sa situation d'échec. La lecture et l'orthographe sont ses principaux points faibles. Ils le ralentissent, l'empêchent de terminer ses contrôles et de comprendre les énoncés des problèmes. C'est le lot de beaucoup d'enfants dyslexiques. L'investissement de sa mère le soutient certainement, mais a tendu un piège au fil des années. Julien est resté très passif et dépendant d'elle pour gérer son travail scolaire. À ce piège fréquent de la dépendance s'ajoute ici le temps conflictuel passé à travailler à tout prix. Leur relation d'amour s'est embrouillée avec leur relation au travail scolaire. Plus qu'une priorité, ce dernier est devenu une obsession. Le plaisir des sorties ou des discussions familiales n'a plus sa place. L'humeur dépressive de Julien est restée, jusqu'à ce jour, compensée par sa vie sociale et sportive pleine de satisfactions. Outre ce piège commun aux parents d'enfants dyslexiques, d'autres facteurs ont accentué la souffrance de Julien.

Les pièges d'une mère seule

Julien reproche à sa mère de surinvestir sa scolarité et de ne pas garder de disponibilité pour d'autres hommes que lui-même et son père génétique. Il a tout à fait raison : sa mère ne fait pas le deuil de cet homme absent sur lequel elle compte toujours. Cet amour impossible et illusoire a donné un enfant réel : Julien. Du fait de sa situation, il porte le nom de son grand-père maternel (ceci peut suggérer inconsciemment qu'il est le fils de sa mère et de son grand-père). Ce mélange des repères et des générations peut être à l'origine d'un fantasme incestueux. La proximité quotidienne d'une mère seule avec son fils favorise la confusion en l'absence d'un tiers dont la parole aurait rendu possible une mise à distance entre Julien et sa mère. Cette troisième personne l'aurait aidée à prendre du recul et à sortir du cercle vicieux dans lequel elle s'était enfermée avec son fils. Cette place, d'où viendrait une parole apaisante qui dirait les limites, les interdits, mais aussi ce qui est autorisé, est celle d'un père symbolique. Elle a été investie à plusieurs reprises par la pédiatre, certains enseignants, le père d'Antoine et d'autres encore.

Son père génétique n'a jamais pris cette place symbolique, même si Bénédicte l'aime. Julien a bénéficié d'identifications à des figures paternelles consistantes qui ont partiellement compensé l'absence d'un père. Mais son histoire déséquilibre sa balance sécurité/risque en le fragilisant. Dans ce cas, leur situation de famille monoparentale a accru ses difficultés scolaires.

Les pièges d'un désir d'autonomie ratée : du mensonge au suicide

Pourquoi Julien a-t-il envisagé de se défenestrer ?

Son développement cognitif et affectif s'est teinté d'un sentiment de dévalorisation autour du noyau dyslexie/absence de père. Sur ce terrain, la « dépendance cognitive » mise en place entre sa mère et lui est venue pigmenter son humeur en lui donnant sa coloration dépressive. Même coûteuse du point de vue de son économie psychique, cette situation apportait tout de même un certain équilibre à Julien, tant qu'il restait dans l'enfance. Ce qui fonctionnait encore à 10 ans ne peut plus continuer à 12 ans, quand les besoins de l'enfant changent à l'aube de son adolescence. L'équilibre précédent s'est rompu lorsque Julien est entré dans la préadolescence. Il a de nouveaux besoins : s'affirmer et se différencier de sa mère, mais en préservant leur relation. Il s'est inventé de bonnes notes pour ne pas la décevoir encore et savourer une trêve illusoire de quelques semaines avec elle. Par ses mensonges, Julien cherche à s'individualiser. Il tente de soustraire son espace psychique intime au regard permanent de sa mère.

Incomprise et maladroite, son individualisation a finalement été un échec de trop pour Julien. Son désir de mourir exprime à la fois le trop-plein de souffrance et le désir de vivre entravé par les frustrations. En écrivant sa lettre, il crie surtout ce désir de vivre préadolescent qui bat désormais en lui. Entre la vacance d'un père et l'envahissement d'une mère, Julien n'a pas trouvé d'interlocuteur pour l'aider au bon moment à trouver d'autres solutions que le suicide pour s'affirmer. Ne croyant pas avoir sa place, sinon en tant que « clochard », il rate son entrée dans la vie des grands.

Le point de vue psychologique

L'histoire de Julien soulève successivement deux types de questions : celles relatives à l'apprentissage de la lecture, de l'orthographe, et à leur pathologie, la dyslexie et la dysorthographie, et celles liées à la préadolescence. Ces dernières surviennent de plus en plus tôt, touchant les enfants dès le CM2, soit entre 10 et 12 ans.

La lecture et l'orthographe

L'apprentissage de la lecture

Les fondations de la lecture et la manière dont l'apprentissage s'effectue préfigurent le rapport de l'enfant au langage écrit. Une fois de plus, les troubles spécifiques se développent très tôt, avant d'être repérés. Il est donc important de comprendre leur évolution. La lecture se met en place toute seule quand l'enfant est prêt et disponible. Pour cela, il doit être bien structuré dans le temps et dans l'espace. Elle lui apporte satisfaction et doit être utilisée comme véhicule de communication. L'enfant l'utilisera ensuite avec facilité comme outil de connaissance.

Au début, il est important de viser l'agrément plus que la performance (lire vite et bien). Toute anticipation risque de court-circuiter certaines étapes de l'apprentissage. Un certain nombre d'enfants, sans présenter de trouble à l'origine, lisent un texte sans le comprendre, juste pour respecter la consigne ou satisfaire l'attente de l'adulte. On s'apercevra plus tard que ces enfants ne savent pas réellement lire, ni répondre à des consignes écrites lors des contrôles faits en classe. À l'inverse, certains enfants ont un authentique appétit de lecture, qui se développe à son rythme, sans pour autant nécessiter un « saut » de classe.

QUELLE EST LA MEILLEURE MÉTHODE POUR APPRENDRE À LIRE ?

Les différences entre les méthodes globale, semi-globale ou synthétique ont peu d'importance du point de vue psychologique, malgré des débats animés sur ce thème. Un enfant disposé à apprendre à lire démarrera rapidement, quelle que soit la pédagogie. À l'inverse, certains enfants verront leurs difficultés accentuées par l'une ou l'autre méthode. La souplesse et l'attention de l'enseignant, mais aussi des parents, sont déterminantes. Si un trouble est décelé en fin de maternelle, on prendra conseil auprès de l'orthophoniste sur la méthode la mieux adaptée à son enfant.

COMMENT FAIRE ÉPROUVER AUX ENFANTS UN INTÉRÊT POUR LA LECTURE ?

Si l'école est le lieu des apprentissages et de l'instruction, elle ne peut pas remplacer le creuset d'éducation et de culture que constitue la famille. Entre les parents qui se déchargent sur les enseignants de l'éducation de leur enfant, et l'école parfois tentée de se substituer aux parents[1], la confusion des rôles est préoccupante.
En outre, bien des parents n'ont plus le temps de s'occuper de leurs enfants, moins par choix que par obligation. Les familles monoparentales sont majoritaires dans ce cas. Les parents sont de plus en plus tourmentés par ce paradoxe. Le temps passé avec un enfant – à condition de ne pas être en permanence derrière lui – constitue un capital irremplaçable. Les inégalités inévitables entre parents ne doivent pas faire oublier que la disponibilité n'est pas qu'une affaire de temps, mais de qualité d'écoute.
Le temps de lecture que les parents passent avec leur enfant depuis son plus jeune âge est essentiel. C'est celui où il peut redemander la même histoire pour la énième fois, où il questionne sur tout, en confiant ses pensées, ses sentiments, ses interrogations.
Tous ces petits moments partagés fondent le désir d'apprendre à lire. S'il faut parfois du temps pour qu'un enfant lise spontanément des livres, cela ne veut pas dire qu'il n'aime pas la lecture. Il est donc inutile d'obliger un enfant à lire. Mieux vaut l'accompagner dans ses lectures ou le laisser lire des bandes dessinées, maintenir son plaisir, son intérêt et sa curiosité le temps qu'il soit autonome.

---

1. D'ailleurs, le ministère de l'Instruction publique est devenu celui de l'Éducation nationale (1932).

Quelles sont les différentes causes à l'origine des difficultés de lecture ?

Les enfants ont souvent du mal à lire du fait d'une immaturité. D'autres fois, c'est le désir de lire qui leur manque, surtout si la relation avec les parents est trop centrée sur la lecture. Une demande trop pressante peut leur couper l'appétit.

POURQUOI LA LECTURE EST-ELLE EN DÉCLIN ACTUELLEMENT ?

La prise de pouvoir de l'image domine notre époque. Son risque ? Simplifier la symbolisation des idées en l'appauvrissant. En effet, il est plus facile de développer sa capacité à regarder et à comprendre des images que des processus plus complexes, tels que la lecture. L'échec scolaire qui en découle est une des plaies de notre société.

La dyslexie

La dyslexie est angoissante pour les parents. Cette pathologie a fait couler beaucoup d'encre. Le mot qui la désigne pose un problème. Il sert aujourd'hui à définir sans nuance toutes sortes de difficultés de lecture, des plus simples aux plus graves.

On émet actuellement diverses hypothèses sur son origine héréditaire ou psychogène. Il est toutefois admis que « dyslexie » est le meilleur terme générique pour qualifier des troubles d'origine et de gravité différentes.

QU'EST-CE QUE LA DYSLEXIE ?

C'est un trouble de l'apprentissage de la lecture ou un dysfonctionnement de la lecture, très variable en importance, accompagné de confusions visuelles et/ou sonores. La dyslexie ralentit les progrès de l'enfant qui devient mauvais lecteur. Il ne comprend pas ce qu'il lit, déchiffre les mots avec difficulté. L'orthographe est aussi problématique, comme tout ce qui passe par la lecture : énoncés de problèmes de mathématiques, etc. L'enfant est donc mis en situation d'échec. Ce trouble est indépendant de son intelligence, mais a des répercussions sur son efficience et son estime de soi. Presque toujours, le facteur émotionnel et affectif est impliqué, parfois comme origine, dans d'autres cas comme conséquence. En outre, les enfants dyslexiques ont, à la base, d'importantes difficultés de repères spatio-temporels.

On ne peut parler de dyslexie avant que l'enfant ait dépassé les apprentissages de la lecture, au deuxième trimestre du CP.

Si la dyslexie est souvent difficile à vivre, elle n'empêche pas de poursuivre des études. Les dyslexiques ont ainsi droit à un temps supplémentaire pour passer les épreuves du baccalauréat.

Ces difficultés sont souvent accompagnées d'instabilité quand le corps n'est pas suffisamment ancré dans le système symbolique de la pensée. Notre culture accentue cette tendance en favorisant le monde virtuel au détriment de la réalité matérielle[1].

---

1. *Cf.* conclusion p. 292.

Comment se traitent les troubles dyslexiques ?
Le rôle du psychologue

Le diagnostic de dyslexie ne légitime pas une attitude passive ou fataliste. Même une dyslexie compliquée se « prend en main ». Mais il faut de la patience et de la persévérance. Une consultation psychologique est toujours nécessaire, en tout cas au début.

Le psychologue agit sur plusieurs niveaux, selon les cas, pour soutenir l'enfant face à ses difficultés.

- Il l'amène à mieux gérer ses relations familiales et sociales, souvent alourdies par ses échecs répétés. Les parents perdent de vue, par moments, la dimension de la dyslexie et attribuent les échecs scolaires de leur enfant à de la mauvaise volonté, ce qui n'est jamais le cas et envenime le climat familial.
- Il aide l'enfant à se dégager des éventuels problèmes infantiles qui seraient inconsciemment impliqués dans cette dyslexie.

Ces éventuels reliquats infantiles empêchent l'enfant de sortir de sa dyslexie tant qu'ils ne sont pas « retravaillés » en psychothérapie (l'absence de père pour Julien, ou un problème précoce entre la mère et l'enfant, une séparation, un deuil, etc.).

Si ce n'est pas encore fait, le psychologue peut recommander en complément de son approche une aide orthophonique ou psychomotrice, selon le cas.

Ces soutiens, souvent longs et fastidieux, sont indispensables. Si l'aide psychologique ou les rééducations sont importantes pour l'enfant, il faut savoir aussi les interrompre par moments et y revenir par la suite. Ces aides durent parfois toute la scolarité.

Les troubles du langage écrit : la dysorthographie

La dysorthographie est un trouble dans l'acquisition et la maîtrise des règles de l'orthographe (en l'absence de déficiences intellectuelles). Elle s'associe le plus souvent à la dyslexie. Mais avoir de mauvaises notes en dictée ne veut pas forcément dire qu'il y a une dysorthographie, ni même que l'on est mauvais en orthographe ! Rappelons-nous, l'orthographe est compliquée, parce qu'il faut apprendre les règles de grammaire, les conjugaisons, les règles de construction de phrases, tous les illogismes et toutes les exceptions.

En premier lieu, il est important de savoir qu'un enfant dysorthographique, même autonome, doit être suivi régulièrement au moins jusqu'au CM2, car l'apprentissage de l'orthographe n'est pas acquis une fois pour toutes, contrairement aux mécanismes d'une addition.

Un enfant non structuré dans le temps ne fait pas de différence entre une action faite hier, aujourd'hui ou demain. Il ne peut donc pas apprendre les différents temps des conjugaisons. L'orthographe se construit sur des bases matures et saines. Ainsi, certaines dysorthographies reflètent des difficultés à appliquer la grammaire, analogues aux difficultés vécues dans la famille où les « temps » des générations sont confondus et où les liens familiaux comportent beaucoup de « dés-accords », de ruptures et de non-dits.

Sans qu'il s'agisse de dysorthographie, il arrive que les enfants connaissent toutes les règles grammaticales mais ne les appliquent pas et fassent des fautes d'usage ou de syntaxe. Le sens du texte écrit ou lu et sa compréhension sont dans ce cas conservés. Ne pas accorder les pluriels, omettre les majuscules des noms propres ou des débuts de phrases en sont les exemples les plus fréquents. L'orthographe est un long apprentissage.

L'origine des difficultés en orthographe

À l'origine de la gêne de l'enfant face à l'orthographe, on trouve parfois en amont une difficulté à respecter les règles en général, un trouble de l'attention, de la concentration ou un manque d'autonomie. Pour y remédier, il faut d'abord régler le problème du comportement, en général d'origine psychologique.

D'autres enfants font des fautes plus importantes qui défigurent le langage lui-même. Les mots ne sont plus différenciés ni reconnaissables, comme s'ils étaient télescopés et brouillés. Le lecteur non averti ne pourra rien y lire. La signification même du texte n'est pas conservée, ou ne peut être retrouvée (par exemple : « jédi ce jia rivé », pour « j'ai dit que j'y arrivais »).

Comment repérer une vraie dysorthographie ?

Un orthophoniste sera à même de faire le diagnostic de dysorthographie, à l'aide d'un bilan et de tests appropriés. L'orthophonie sera complétée, selon les cas, d'un soutien psychologique comme pour la dyslexie.

On peut repérer une dysorthographie à partir du CE1 où les dictées la révèlent facilement. Un orthophoniste peut la déceler dès les premières expressions écrites de fin de CP.

Si la dysorthographie est souvent combinée à la dyslexie, elle peut aussi passer inaperçue au début. En effet, l'enfant intelligent compense par des « trucs » et masque ses difficultés. Il utilise par exemple sa mémoire visuelle dans les autodictées ou les dictées préparées. Mais, tôt ou tard, l'enfant est mis en difficulté quand les mots appris par cœur sont demandés avec des variantes.

LES FAUTES TRÈS SPÉCIFIQUES DE LA DYSORTHOGRAPHIE

Les caractéristiques des dysorthographies peuvent coexister à des degrés d'importance divers :

- confusions de phonèmes sonores (à l'écoute) ou visuels (en lisant ou en écrivant) : frai/vrai, cadeau/gâteau ou bateau/dateau ;
- confusions d'homophones comme : est/et, à/a, on/ont ;
- troubles de segmentations graphiques : les enfants écrivent tout attaché ou segmenté, mais pas là où il faut : « léca rote sonqitalau » pour « les carottes sont cuites à l'eau ».

Le sens du langage parlé semble ignoré lors du passage à l'écrit. Ce sont deux langues différentes pour l'enfant.

La période de la préadolescence (fin du CM2) : début des grands changements psychologiques

Qu'est-ce que la préadolescence ?

De plus en plus d'enfants, entre 10 et 12 ans, commencent leur préadolescence en classe de CM2.

Cette période se situe à la charnière de l'enfance et de l'adolescence. Elle s'annonce à travers les modifications prépubertaires, qu'elles soient physiquement visibles ou non.

Comme son nom l'indique, la préadolescence précède l'adolescence, mais il y a une continuité psychologique entre ces phases. L'adolescence est elle-même très difficile à définir et varie selon les individus, les cultures, les époques. La différence biologique entre la préadolescence et l'adolescence est plus nette à partir du moment où les changements hormonaux arrivent à maturité et aboutissent à l'émission possible de sperme chez les garçons et aux menstruations chez les filles.

On désigne généralement sous le terme « puberté » la « poussée » pubertaire, c'est-à-dire l'aspect biologique et physique du développement (*pube* signifiant « poil »).

L'adolescence proprement dite correspond davantage aux aspects psychologiques : la période « ado », *adolescere* signifiant « grandir ».

Du fait des modifications de l'environnement socioculturel et en raison d'autres facteurs que nous ignorons encore, l'adolescence a lieu de plus en plus tôt, aussi bien sur le plan biologique que psychologique.

Dans notre société, le passage à l'adolescence est flou, nous n'offrons pas de rite initiatique de passage dans la vie adulte. Les enfants sont maintenus dans un continuum de développement scolaire qui met de côté leurs changements biologiques et psychologiques. Cette situation crée un paradoxe pour les enfants. Ils sont pris à la fois par l'injonction de grandir du point de vue scolaire et par la dénégation des transformations de leur corps et de leur psychisme.

Il ne faut donc pas s'étonner du succès des dessins animés et des images à collectionner et à échanger, représentant des personnages qui changent d'état et se métamorphosent. Seul problème de ce monde imaginaire : il n'est possible de grandir qu'au cours de combats, dans des rapports de force, de pouvoir et d'affrontements violents.

L'enfance se termine-t-elle en CM2 ?

Le passage en 6e est vécu comme une véritable promotion de sortie de l'enfance et de l'école primaire. Les traits de caractère de chacun s'aiguisent et font ressortir les dysharmonies liées aux écarts de maturité et aux conflits qui ont traversé l'enfance sans résolution véritable.

Les parents se trouvent dépourvus par les nouveaux changements. Plus rien ne fonctionne comme avant. Ceux-ci doivent sans cesse s'adapter aux nouvelles attitudes de leur enfant préadolescent. La tonicité à cet âge est souvent déstabilisante et désarmante. Les enfants testent l'autorité qui ne suffit plus à leur poser des limites.

Il y a trois sortes d'interrogations spécifiques durant cette période : elles touchent au domaine du travail, de la vie émotionnelle et de l'autonomie. Les conflits affectifs, l'insuffisance d'autonomie et d'efficience scolaire génèrent des angoisses qui se potentialisent mutuellement. Elles sont exacerbées par l'anxiété résultant des premières modifications corporelles, biologiques et psychiques de cette étape du développement.

Un comportement d'indépendance, mais sans autonomie

De manière assez soudaine pour en être surpris, les parents perçoivent chez leur enfant une accentuation nette de ses tendances habituelles (son comportement, son caractère). Tout devient objet de discussion, d'une discorde possible. Il veut sortir plus tard, plus longtemps, plus loin. Sa vie ne vous regarde plus. Il raisonne différemment. Ses baskets ne lui conviennent plus. Les lacets, il ne faut plus les faire.

Il passe plus de temps dans sa chambre à écouter de la musique et à téléphoner. Il veut changer de coiffure. Le mensonge réapparaît, notamment sur le travail scolaire, car la priorité est donnée à la vie sociale, aux réunions en bas de l'immeuble, au club de foot, de ping-pong, au terrain de basket.

Les « préados » commencent à réclamer et à discuter sur tout. L'opposition exprime l'affirmation de soi sous une forme nette, plus impulsive qu'agressive, surtout maladroite.

Comment cela se passe-t-il ?

Il est difficile de comprendre ce brusque changement d'attitude, tant pour les préados que pour leurs parents. Angoisses, pleurs, conflits familiaux, problèmes à l'école peuvent être impressionnants et brusques, sans être graves, mais parfois la souffrance est importante. Pour les parents, c'est la douche écossaise, une succession de rapprochements et d'éloignements, de régressions et de prises de distance, de rejets et de demandes de câlin. Reconnaissons qu'il y a de quoi être déconcerté !

En réalité, les parents sont déroutés de n'avoir pas anticipé les changements de leur enfant. Le sens des mots change brusquement, de façon perceptible au quotidien. Par exemple, quand un préadolescent dit : « Je veux mettre ces baskets », vous comprenez : « Je veux t'embêter » ou : « Je n'ai pas de goût pour m'habiller. » Traduisez plutôt : « J'ai mon propre avis maintenant, je suis capable de savoir ce que je veux, je suis indépendant. » Quand vous lui dites : « Tu mettras les autres chaussures pour ne pas être grotesque », lui comprend : « Tu vas rester dépendant de moi (tu dois m'obéir) car tu es encore petit (tu es ridicule quand tu veux faire croire que tu es grand). » Quand il essaye de faire quelque chose tout seul, c'est toujours avec maladresse et vous avez tendance à préférer le faire à sa place. Dans ce cas, il croit que vous le jugez incapable. Si, au contraire, vous l'encouragez pour avoir essayé, il boudera en se sentant humilié. De toute façon, vous ne pouvez plus l'aider dans certains domaines car, physiquement et psychiquement, le préadolescent doit faire face seul à son évolution, pour s'y adapter. Bref, vous avez toujours « faux », quelle que soit votre attitude.

Quels sont les premiers changements ?

Les modifications du corps entraînent des questions et des inquiétudes qui réactivent les angoisses latentes de la petite enfance. Celles qui se manifestent aussi dans les contes où sont mis en relief la taille et les fonctions motrices (*Le Petit Poucet*, les bottes de sept lieues, les princesses endormies ou géantes parmi les nains...).

Les formes corporelles commencent à se modifier en même temps que les préadolescents perdent les traces ultimes de leur enfance : leurs dernières dents de lait, dont la chute reprend vers 10 ou 11 ans (ils réclament toujours la pièce apportée par la petite souris !).

De son côté, le psychisme aussi doit intégrer ces nouvelles transformations. Du point de vue cognitif, 10/12 ans est également l'âge d'entrée dans un nouveau stade[1]. C'est le passage d'une logique d'enfant vers une logique d'adolescent. La pensée évolue, le raisonnement devient formel, c'est-à-dire hypothético-déductif. Les préadolescents sont raisonneurs, ils tirent des conclusions de leur raisonnement. Ils peuvent combiner plusieurs données et généraliser les acquis précédents. Cette évolution de la pensée libère le préadolescent du concret, il découvre les projections dans le futur, par abstraction et spéculation. Le raisonnement devient un véritable jeu et un plaisir.

Les risques d'évolution pathologique

Lors de la première enfance, les angoisses liées au développement corporel ont poussé l'enfant à construire des défenses pour protéger sa personnalité et lui permettre de s'adapter aux changements.

Ces défenses sont mobilisées en fonction des modifications du schéma corporel qui évolue et se modifie plus profondément. Les symptômes, l'angoisse, l'immaturité traduisent l'inefficacité de ces défenses, parce qu'elles sont restées immatures, insuffisantes, pas assez variées ou développées.

Le préadolescent hérite donc de ce qu'il a construit dans son enfance. Ses ressources, ses capacités d'adaptation sont liées à ses potentiels acquis sur sa balance sécurité/risque. Un enfant avec de bons « potentiels sécurité » abordera les débuts de ces bouleversements de façon sereine.

1. Celui des « opérations formelles », *cf.* Piaget, p. 216.

Qu'est-ce qu'une décompensation ? « *C'est l'orage survenant dans un ciel serein*[1]. » Les enfants qui ont acquis des défenses psychiques insuffisantes ont plus de risques de voir se développer des symptômes scolaires, relationnels ou affectifs. Ces enfants ont eu dans leur petite enfance des incidents de parcours et des difficultés diverses qui continuent à encombrer en silence leur psychisme et qui gardent la possibilité de se réactiver de façon différée. D'une manière soudaine, dans un calme apparent, ces enfants extériorisent leur souffrance. Des symptômes surgissent : chute scolaire, menace de fugue ou suicide, troubles du comportement... Même si tout se passait bien auparavant sur le plan psychologique, les défenses et les compensations mises en place par l'enfant se trouvent débordées et insuffisantes. Ces attitudes transitoires servaient à pallier les difficultés qu'elles masquaient. Ces protections sont inefficaces sous la pression convergente des nouveaux changements. Elles ne permettent plus à l'enfant de s'adapter aux modifications d'ordre scolaire, corporel, affectif qu'il subit. Les symptômes explosent, alors que tout semblait équilibré. En fait, le terrain était instable ou les fondations inachevées.

La survenue des évolutions physiques et psychiques, apportées par la préadolescence, bouleverse la stabilité précédente. Certains enfants régressent, par exemple en s'opposant, comme lors du stade anal, ou en ayant des cauchemars, des peurs, des phobies, des troubles du comportement, etc.

---

1. *Cf.* Jean Bergeret, *Psychologie pathologique, théorie et clinique,* Masson, 1972, p. 152.

Les risques d'une préadolescence difficile

À 10/12 ans, une préadolescence difficile peut avoir des conséquences sur la personnalité du futur adulte. Les signes précurseurs sont souvent un effondrement scolaire qui dure, une période conflictuelle à l'issue insatisfaisante, un passage entre l'enfance et l'adolescence dominé par des manifestations d'angoisse. Dans ces cas, les préadolescents risquent d'en subir les conséquences psychologiques tels :

- une fragilisation ancienne qui se réactualise ;
- un développement dysharmonieux de la personnalité ;
- une structuration en personnalité potentiellement « à risque » ;
- un œdipe évoluant vers une structuration névrotique rigidifiée ;
- une identité peu structurée, fragile et dépendante, c'est-à-dire sujette, à partir de l'adolescence, à des pathologies du lien qui se traduisent par des dépressions ;
- d'autres troubles graves de la personnalité s'exprimant à travers une distorsion des rapports à la réalité.

La possibilité d'un réajustement de la personnalité : un moment propice pour une aide psychologique

La préadolescence est très courte et débouche sur l'adolescence et ses excès. Pour éviter les impasses, les parents doivent se mobiliser. Leur enfant, tout en étant stimulé de toutes parts, doit trouver les bonnes portes pour continuer son avancée dans la vie. Ces deux ou trois années constituent donc la dernière « chambre de

LES RISQUES LES PLUS GRAVES POUR LA PERSONNALITÉ

Aujourd'hui, les tentatives de suicide sont des comportements adolescents de plus en plus fréquents. C'est aussi le cas des conduites qu'on appelle addictives, comme l'anorexie, la boulimie, l'usage de drogues et d'alcool. On peut aussi observer cette dépendance dans les relations affectives et amoureuses ou dans d'autres contextes. L'addiction aux jeux de hasard (loteries nationales ou Internet) et aux écrans (consoles, vidéos, télévision...) s'est aussi développée ces dernières années, sans oublier certaines dépendances au travail. Ces comportements masquent une profonde dépression et une détresse accompagnées d'angoisses de perte et d'abandon. Les problèmes concernant l'image du corps (anorexie, boulimie) concernent plus les filles, ceux liés à l'intégration sociale (marginalisation, agressivité) touchent plus les garçons.

Ces pathologies prennent leurs racines dans la toute petite enfance. Leur développement se poursuit, ensuite, dans l'enfance. C'est pourquoi le processus menant à l'autonomie, qui s'établit au cours des étapes successives de construction de la personnalité, est si important. L'avenir affectif, amoureux, sexuel, intellectuel et social des enfants découle de chaque temps d'un long assemblage qui est, rappelons-le, guidé et structuré par les trois fonctions paternelle, maternelle et d'attachement.

Le préadolescent, à peine sorti de la période calme de l'enfance, est pris sous l'impulsion de cette nouvelle poussée de croissance. À partir de ce moment clé, les aspects de sa future personnalité se rassemblent et se structurent.

décompression » où les difficultés, si elles sont repérées, peuvent encore se résoudre en douceur. Ce sera moins facile, plus tard, en pleine puberté.

L'expression de la personnalité n'a pas encore atteint les paroxysmes ni les exagérations de l'adolescence. C'est donc l'occasion de résoudre d'anciens conflits psychiques qui refont surface. Il y a moins de danger de rupture qu'en pleine crise d'adolescence où les pathologies sont plus violentes et les risques, liés à une plus grande impulsivité, peuvent être plus graves.

Si certains éléments de la personnalité sont fragiles ou inachevés, les régressions dont nous avons parlé facilitent le travail du psychologue. Les effets de la psychothérapie sont favorisés par la mobilisation corporelle de la préadolescence (celle-ci occasionne l'affaiblissement des défenses). Le préadolescent y trouve l'occasion de se débarrasser des reliquats de son enfance. Ses anciennes problématiques bénéficient enfin d'un travail psychique.

D'une certaine façon, la préadolescence est une « nouvelle donne », avec de nouvelles cartes apportées par l'ensemble des changements, physiques, psychiques et sociaux. Pour aider un préadolescent à sortir d'une souffrance, le psychothérapeute prend en compte les différents aspects de sa personnalité, ceux en décalage, vécus comme des discordances intérieures.

L'anxiété est toujours accentuée à la fin de cette période. Avec le retour de l'œdipe, la sexualité infantile s'exprime à nouveau et s'intensifiera avec l'apparition de la sexualité génitale au début de l'adolescence.

Consulter un psychologue se révèle utile face aux difficultés d'un enfant : scolaires, comportementales, affectives, relationnelles, etc. Les parents trouveront un appui rassurant et stratégique pour éviter de nouveaux pièges. Les résultats du bilan psychologique[1] aident à déterminer les problèmes, leur profondeur, et à cerner le caractère ancien ou au contraire transitoire de l'angoisse.

Épilogue

Bénédicte m'a demandé si c'était elle ou Julien qui devait venir me voir. J'ai choisi de voir Julien en priorité devant l'intensité de sa souffrance. Nous nous sommes vus pendant six mois environ, jusqu'au début de sa 6e. Nos entretiens individuels étaient ponctués de rendez-vous avec sa mère. Il fallait à la fois ajuster leur relation et garantir à Julien un espace bien différencié de celui de Bénédicte. Parallèlement, j'ai adressé celle-ci, à sa demande, à un confrère afin qu'elle ait un lieu à elle pour parler de ses problèmes. Au début, Julien était très réticent à venir. C'est pourquoi je lui ai proposé de passer un test de Q.I. et de lui donner toutes les explications de ses résultats. Je voulais qu'il connaisse objectivement ses potentiels et son fonctionnement pour lancer nos entretiens. La passation du test d'intelligence l'a rassuré et lui a donné des repères. Julien se situait autour de la moyenne mais avait une dysharmonie qui alimentait son anxiété. Sa mauvaise gestion de l'angoisse accentuait ses échecs. À partir de là, Julien a décidé de régler ses problèmes scolaires. Motivé, ses progrès en orthophonie se sont accélérés. Il a su s'appuyer sur sa

1. *Cf.* chap. 10.

psychothérapie qui est devenue pour lui l'équivalent d'un lieu de restauration de sa fonction paternelle.

Peu avant que nous arrêtions nos séances, Julien a organisé, avec Antoine comme disc-jockey, *sa première boum pour ses 13 ans. Il m'a juste dit qu'elle s'appelait Amandine…*

IX

LES PIÈGES DE L'ENFANT PRÉCOCE

GUILLAUME

Enfant précoce, surdoué, Q.I.

Dès la prise de rendez-vous téléphonique, la mère de Guillaume m'explique qu'elle voudrait faire « sauter » le CE1 à son fils de 7 ans qui vient d'y entrer : il est très doué et s'ennuie en classe. L'école lui demande un test de quotient intellectuel.

Lors de notre première rencontre, la maman m'explique la situation d'une seule traite, d'un débit précipité. Seules les interventions de Guillaume l'interrompent à plusieurs reprises. Sous le regard admiratif de sa mère, il me pose des questions sur un ton sérieux à propos de mon travail, des tableaux accrochés aux murs ou encore sur le contenu du test qui lui paraît très facile. Dans cette atmosphère agitée, mère et fils n'attendent apparemment rien d'autre de moi qu'une confirmation technique. Lors de ce premier entretien, j'apprends que Guillaume s'ennuyait déjà en maternelle et perturbait la classe. Lire et compter l'intéressant plus, il ne participait pas aux mêmes activités que les autres. L'institutrice l'avait pris en grippe, ne voulant pas tenir compte de son avance sur les autres. La directrice a refusé de le mettre en grande section de maternelle. Du coup, Guillaume n'aimait plus aller à l'école, disait qu'il préférait rester à la maison faire ses devoirs avec son frère aîné. « Nous avons pensé le changer d'école à ce moment-là. »

Guillaume intervient sans cesse, ajoute des détails, renchérit sur les propos de sa mère. Il ressent des injustices de la part du monde enseignant. Cette sensibilité se retrouve aussi dans ses relations conflictuelles avec ses camarades pendant les jeux. Le moindre écart aux règles venant des autres le met dans de grandes colères qui le marginalisent de plus en plus. Il est souvent triste et pleure en disant qu'il est nul au foot. Son père est même intervenu en vain auprès d'autres parents, afin que les enfants respectent les règles du jeu et, surtout, cessent d'exclure son fils.

« Il s'entend mieux avec les grands et les adultes. Guillaume était en troisième année de maternelle pendant le CP de son frère qui a un an et demi de plus. Il apprenait ses poésies avant lui rien qu'en l'écoutant réciter. Cela provoquait de ces colères chez l'aîné ! Tout bébé, en éveil constant, il dormait peu. Il cherchait à communiquer ou à jouer avec nous. Même encore aujourd'hui, il peut se réveiller la nuit et venir nous voir pour discuter de questions sérieuses ! C'est un enfant toujours en activité qui ne se repose jamais. À la crèche, il ne faisait pas de longues siestes et a complètement arrêté d'en faire à 2 ans et demi. Le soir, il a encore du mal à s'endormir, il préfère rester avec nous. Il comprend tous les jeux sur l'ordinateur avant son frère. Nous avons toujours su, son père et moi, qu'il était en avance. Guillaume a marché

à dix mois et avait soif de tout découvrir. Il est plein de vie et bouge tout le temps. À table, c'est un moulin à paroles, il n'y a que lui qui parle.

Cette année, nous avons eu une discussion avec son institutrice. Elle s'entend très bien avec lui. Elle s'est demandé pourquoi il ne veut plus rien faire. Il bâcle son travail à l'écrit alors qu'il est très vif. D'habitude, c'est un enfant curieux qui participe beaucoup à l'oral. Son institutrice de l'année dernière, au lieu de lui donner des exercices de lecture et de calcul plus difficiles, l'embêtait avec le graphisme alors que le dessin et l'écriture ne l'ont jamais passionné. Chaque année, nous avions le même problème avec l'enseignant, c'est la première fois qu'une institutrice comprend mieux son comportement. Si l'école a la confirmation qu'il est précoce, nous le ferons passer en CE2 en cours d'année pour qu'il aille directement en CM1 dès la prochaine rentrée de septembre. Il sera sûrement plus heureux, sinon nous le changerons d'école. »

Analyse de la situation

Parmi les questions scolaires qui reviennent de plus en plus souvent dans mon cabinet, celle des enfants précoces mérite d'être développée. Tous les parents se posent des questions sur l'intelligence de leur enfant. J'entends quotidiennement : « La maîtresse pense que mon enfant est précoce », « L'enseignement est sûrement inadapté à son niveau intellectuel », « Il s'ennuie en classe », « Il finit avant les autres et gêne la classe. »

« Comment, ton enfant n'est pas précoce ! »

La crainte de passer à côté d'un enfant surdoué a longtemps été entretenue et a introduit l'idée très à la mode de « l'enfant précoce ». Les médias participent à l'accroissement des interrogations des parents et des enseignants. Qu'en est-il en réalité ? Sous ces termes, « précoce », « surdoué », où sont les pièges dans lesquels tombent si souvent les parents ?

Alors, Guillaume est-il un enfant précoce ou bien ses parents sont-ils piégés par son comportement ? Faire passer un test permet de balayer les idées reçues et de s'appuyer sur des résultats objectifs.

Premier piège : vraie ou fausse précocité ?

Les enfants précoces ont souvent le comportement de Guillaume. Ses parents ont donc raison de penser à cette possibilité. Mais ces attitudes sont aussi les symptômes d'autres problèmes. C'est le cas, neuf fois sur dix. Il existe donc de vraies et de fausses précocités. Dans tous les cas, il y a des difficultés à résoudre.

Guillaume est véritablement un enfant précoce. Le résultat des tests a confirmé la justesse de l'intuition de ses parents et de son institutrice. Ils ne doivent pas crier victoire pour autant car un deuxième piège tendu a fonctionné. Les parents de Guillaume, comme beaucoup d'autres, se sont adaptés au fonctionnement psychique de leur fils. Séduits par son intelligence et ne voulant pas contrarier sa vivacité, ils se sont laissés envahir sans lui mettre de limites. Ainsi, Guillaume a été encouragé dans tout ce qu'il faisait vite et bien, sans effort. Sa tendance naturelle d'enfant allant vers la facilité et le plaisir immédiat n'a pas rencontré d'opposition. Guillaume a donc délaissé les potentiels qui nécessitent un travail intellectuel plus contraignant pour s'épanouir. Ses parents n'ont pas pensé que ses difficultés d'adaptation sociale et d'apprentissage de l'écriture appelaient un recadrage de leur part. Guillaume avait besoin d'être canalisé, même s'il est intelligent.

Deuxième piège : précocité et inadaptation

Habituellement, les parents aident leur enfant à s'adapter aux autres. Ils leur apprennent à accepter les contraintes que nécessitent tous les apprentissages – même et surtout – lorsqu'il est intelligent. Guillaume n'en a pas bénéficié. Un écart s'est creusé entre ses différentes capacités, générant chez lui anxiété, sentiment d'injustice et d'impuissance. Il a ensuite contrebalancé ses lacunes naissantes en suivant ce qui était valorisé aux yeux de ses parents. Il a surinvesti certains potentiels, ceux qu'il maîtrisait le mieux, au détriment des autres. Peu à peu, il lui a été difficile de compenser le déficit qui s'est créé dans certaines matières. Ses frustrations et échecs ont augmenté. C'est ainsi qu'un enfant intelligent développe des potentiels inégaux et une dysharmonie de sa personnalité, que l'on appelle « précocité » !

Troisième piège : quand l'avance intellectuelle cache un retard

Nous avons eu un entretien avec les parents de Guillaume pour analyser les résultats de son test. En leur parlant de l'immaturité affective révélée par son Q.I., j'apprends en retour qu'il fait encore pipi au lit et surtout qu'il est très peu autonome. Par exemple, il est d'une extrême lenteur pour s'habiller le matin et prendre son petit déjeuner. Ce comportement est caractéristique d'un troisième piège où sont tombés ses parents. Guillaume ne se prend en main sur aucun plan, habitué au fait que ses parents accomplissent à sa place ce qui ne l'intéresse pas. Il n'a donc pas assimilé la contrainte temporelle ni appris à régler ses problèmes avec ses camarades d'école ou à se faire accepter par les autres. Il ne sait pas écrire vite et bien, ni se contenir corporellement à l'école. Ce qui ne passionnait pas Guillaume est devenu un terrain d'insuccès. Ses parents, en voulant le soutenir et le protéger, l'ont maintenu dans l'échec et l'immaturité affective.

Quatrième piège : « sauter » une classe

En nous appuyant sur le Q.I., nous avons établi que le passage envisagé en CE2 aurait été un vrai piège. La raison principale tient justement à sa précocité. L'illusion vient du terme « précoce »[1]. Il masque un problème sur un fond d'intelligence sélective. Faire sauter une classe à Guillaume n'aurait pas présenté de difficulté sans cette immaturité affective et certains décalages marqués. Dans son cas, le saut de classe aurait creusé les écarts à l'origine de ses problèmes relationnels et de comportement. Guillaume a aussi besoin de temps pour apprendre à se concentrer et à bien écrire. Ce temps incontournable ne peut pas être économisé par l'intelligence. Après avoir sauté une classe, les enfants tels que lui se retrouvent, parfois des années plus tard, en difficulté scolaire

1. *Cf.* p. 260.

parce qu'ils ne savent toujours pas s'organiser ni se concentrer. Peu entraînés à accepter les contraintes, ils perdent beaucoup de temps à se mettre au travail et accumulent un retard qui les mène au redoublement malgré leur intelligence. S'ils réussissent scolairement, ces enfants développent une position phobique, c'est-à-dire de peur, d'évitement systématique vis-à-vis de ce qui les embarrasse. Ils risquent de payer le prix fort en termes de souffrance, dans leur vie affective et relationnelle, due à la fragilité psychologique qui s'y associe. Guillaume peut, avec l'aide de ses parents, mettre à profit toute son année de CE1 puis de CE2 pour se réharmoniser et se consolider. Cela ne l'empêche pas d'engranger des connaissances selon son appétit intellectuel et ses facilités. Par la suite, une fois ce but atteint et devenu plus heureux, Guillaume prendra moins de risque en « sautant » le CM1, si nécessaire. Mais cela en vaut-il la peine ? Devoir se séparer de ses repères et de tout un réseau d'amis après tant de souffrances ! Cette question, il faudra avant tout la poser à Guillaume le moment venu.

Le point de vue psychologique

Comment interpréter un compte rendu de Q.I.

Le Q.I. situe et compare l'enfant à la moyenne des enfants de son âge, qui est égale à 100. 50 % de la population a entre 90 et 110 de Q.I., 25 % a plus de 110 et 25 % a moins de 90. Concrètement, cela veut dire qu'un enfant qui obtient 100 a la moyenne.

Qu'est-ce qu'un test d'évaluation du quotient intellectuel ? Les tests d'évaluation du quotient intellectuel sont utilisés de manière générale pour réfléchir sur les aspects dynamiques d'un enfant, en vue d'adopter la meilleure stratégie d'aide, d'orientation. Seuls les psychologues les font passer. Le Q.I. sert aussi à différencier l'origine des troubles scolaires ou du comportement et à évaluer l'incidence de l'anxiété.

Le test le plus utilisé aujourd'hui et considéré comme l'un des meilleurs du point de vue de sa fiabilité et de sa sensibilité est le WISC-III[1]. Il est utilisable entre 6 et 17 ans. Son interprétation approfondie permet de comprendre à un moment précis la dynamique cognitive d'un enfant : ses points forts et faibles, les logiques intellectuelles qui le mettent ou non en échec. Le test montre si l'anxiété ou l'affectivité interviennent dans ses difficultés. Le test contient dix épreuves différentes. La comparaison des différentes logiques mesurées par ces subtests indique si le développement est harmonieux ou présente des niveaux de maturité hétérogènes.

Sur quoi renseigne le Q.I. ? Le Q.I. ne mesure pas l'intelligence mais ses effets. Avant tout, il est nécessaire d'insister avec Wechsler sur ce point, car le Q.I. ne teste pas des connaissances ou un savoir mais des potentiels,

1. Le Wechsler Intelligence Scale for Children Forme III est la dernière révision de l'échelle d'intelligence pour enfant de Wechsler. Elle permet d'obtenir trois Q.I. (global, verbal et de performance).

c'est-à-dire la capacité d'utiliser ses ressources intellectuelles de manière efficiente. Les facteurs affectifs jouent donc un rôle important.

Avec le WISC-III, le quotient intellectuel global est calculé à partir des deux autres Q.I. : le Q.I. verbal et le Q.I. de performance[1].

Tous les subtests donnent des indications sur certains aspects de l'intelligence générale. Ils donnent aussi des informations sur le type de raisonnement et de pensée, la fluidité psychique, la capacité d'abstraction, l'attention et la gestion des émotions, la mémorisation, la qualité de restitution ou de reformulation de la pensée. Ils renseignent enfin sur la position active ou passive de l'enfant face aux processus cognitifs, c'est-à-dire le fait qu'il adhère ou s'oppose aux processus de développement des connaissances.

On obtient des indications sur ses niveaux de maturité : capacité de perception et de discrimination, organisation spatiale et temporelle tant constructive que perceptive. On est de même éclairé sur l'impulsivité, l'inhibition, l'anxiété, l'angoisse et la sensibilité au stress, le rapport et l'adaptation à la réalité. Tout ceci permet de déceler des problèmes de lecture ou de logique mathématique en fonction des divers éléments d'analyse. Chacune de ces difficultés est mieux cernée, ses mécanismes sont plus intelligibles.

---

1. Le quotient verbal est obtenu principalement à l'aide des cinq subtests suivants : information, similitudes, arithmétique, vocabulaire, compréhension. Celui de performance, principalement à l'aide des cinq subtests suivants : code, « complètement » d'images, cubes, arrangement d'images, assemblages d'objets.

VRAIE OU FAUSSE PRÉCOCITÉ ? UN TERME QUI TROMPE !

Attention ! Ce n'est pas le total du Q.I. qui compte, mais la répartition des notes qui le composent !

L'intelligence est complexe et se divise en plusieurs facteurs. Deux enfants peuvent présenter un profil totalement différent en ayant tous les deux 130 de Q.I. Les conséquences varient pour chacun d'eux.

Comparons Guillaume et Matthieu qui sont dans ce cas. Le deuxième obtient à son Q.I. de bons scores, au-dessus de la moyenne dans tous les domaines, avec des petits écarts d'un à trois points au maximum, sauf pour deux notes particulièrement élevées.

Guillaume, quant à lui, réussit beaucoup mieux que Matthieu la moitié des tests, mais pour le reste il a des scores en dessous de la moyenne. Ces derniers révèlent les aspects problématiques de sa personnalité : intolérance aux frustrations, lenteur et désinvestissement de certains potentiels qu'il s'évertue à éviter ou à compenser.

Je qualifierai Matthieu de vrai enfant précoce, ses résultats sont au-dessus de la moyenne et homogènes. Il n'y a pas de « secteur cognitif » désinvesti. Le développement de sa maturité affective est harmonieux. Il n'y a aucune souffrance scolaire, sociale, relationnelle.

Je qualifierai Guillaume de faux enfant précoce, car certaines lignes de son développement intellectuel sont restées immatures et sont masquées par l'hypertrophie des autres lignes qui dominent.

Le terme de précocité est pourtant généralement employé pour ces deux types d'enfants, engendrant des confusions chez les parents et les enseignants. Ne vaudrait-il pas mieux qualifier Guillaume d'enfant intelligent et dysharmonieux pour réserver le terme « précoce » à Matthieu ?

Enfin, il ne faut pas confondre enfant précoce et surdoué. Seul le Q.I. va permettre de les différencier.

Les Q.I. sont parfois demandés par des commissions scolaires en vue d'envisager une orientation ou une aide spécifique. Parents, enseignants, pédiatres et pédopsychiatres, orthophonistes et psychomotriciens peuvent demander au psychologue un test de quotient intellectuel pour mieux comprendre un enfant, adapter sa scolarité, conseiller une aide.

Qu'est-ce qu'un enfant précoce ? Son Q.I. est souvent égal à 130 (sur mille enfants de son âge, vingt ont un score supérieur).

Ces enfants sont pétillants d'intérêt et ont toujours été en avance au cours de leur développement, notamment psychomoteur et langagier. Ils ont souvent une tendance à l'hyperactivité et sont perpétuellement en éveil et en questionnement. On évoque souvent la possibilité de leur faire sauter une classe. Ils savent lire et, de ce fait, sont souvent candidats au passage anticipé en CP.

Qu'est-ce qu'un enfant surdoué ? Son Q.I. est supérieur à 145 (sur mille enfants de son âge, un seul enfant a un score supérieur). Il est en avance par rapport aux autres dans les acquisitions scolaires car il sait souvent lire avant d'être scolarisé. Il saute des classes sans difficulté d'adaptation, sans y être poussé. Intérêt, curiosité spontanée, connaissances très étendues, grande rapidité de compréhension, richesse de vocabulaire et excellente mémoire caractérisent ce très grand lecteur. L'enfant surdoué est aussi plus attiré par des relations avec les enfants plus âgés et les adultes.

Les risques d'évolution pathologique

L'intelligence peut avoir des effets pervers : chez tous les enfants intelligents, qui plus est précoces, il peut y avoir des difficultés liées au fait que l'enfant va privilégier une communication rapide à mi-mot pour que la parole suive la vitesse de sa pensée.

Les parents ne s'en rendent souvent pas compte. Ils sont pris eux-mêmes dans ce fonctionnement comme avec un bébé qui n'a pas besoin de parler pour se faire comprendre. Il y a alors un risque : le vocabulaire et l'expression s'appauvrissent et des problèmes scolaires et de communication en découlent.

Matthieu est un « authentique » précoce et Guillaume fait « illusion ». Le premier a plus de chances de surmonter les embûches qu'il rencontrera dans sa vie. Le deuxième risque de connaître des problèmes à terme.

La décision de faire sauter une classe a des conséquences très différentes selon les cas. Soit l'enfant en bénéficie sur tous les plans (ce qui peut être le cas d'enfants comme Matthieu), soit il accentue ses écarts de maturité pour maintenir « l'illusion » (avec un profil comme celui de Guillaume). Dans

LE SURINVESTISSEMENT SCOLAIRE : UN FAIT DE SOCIÉTÉ

La pression sociale s'exerce puissamment sur les parents autour de la réussite scolaire. Actuellement, les demandes d'aide psychologique ont lieu en majorité après le CP, et leurs motivations sont dominées par l'échec scolaire. L'influence sociale mobilise plus les parents et les pousse à surinvestir les apprentissages scolaires au détriment de l'harmonie de la personnalité de leur enfant.

ce dernier cas, l'adaptation scolaire et le développement de sa personnalité sont en péril.

Le « faux précoce » est souvent un enfant entré très tôt dans le désir des adultes, qui valorisent le savoir. Ces enfants ont hypertrophié les aspects verbaux du développement de leur personnalité comme le langage, le vocabulaire et le raisonnement. Mais cette hypertrophie s'est faite au détriment des aspects plus pragmatiques de l'intelligence, repères spatio-temporels, perception visuelle, rapidité des coordinations occulo-manuelles. Tout se passe comme si le « faux précoce » n'avait pas exercé suffisamment dans sa petite enfance le vécu corporel et l'expérience psychomotrice qui structurent l'organisation spatiale et temporelle, développent la rapidité d'exécution, l'adresse et la perception. Le tâtonnement par essais-erreurs des expériences psychomotrices (dont il a été question à propos des tout-petits) est vécu comme trop contraignant ou trop long, alors que le langage est beaucoup plus rapide et moins frustrant pour s'exprimer.

Le « faux précoce » se leurre lui-même en entraînant aussi son entourage et ses enseignants. L'apparence de son savoir finit par se heurter à la douloureuse limite des échecs et des angoisses. La désillusion est difficile à vivre, mais indispensable, pour retrouver une meilleure harmonisation de sa personnalité.

Au quotidien, le « faux précoce » a souvent un problème d'autonomie à la maison, d'écriture, de soin, d'application et de lenteur pour faire son travail scolaire. Il tend à vivre dans un monde de satisfaction et de résolution immédiates. L'attente est vécue comme une contrainte, voire une frustration mal tolérée, qui entraîne souvent une instabilité ou des problèmes relationnels par impatience. Ce comportement sera souvent pris à tort pour une hyperactivité résultant de l'ennui, pour une intelligence très supérieure d'enfant surdoué.

Il est donc nécessaire de ne pas se fier seulement à une intuition ou à une interprétation des comportements des enfants, mais de s'appuyer sur les mesures et les résultats objectifs d'un test analysé correctement pour procéder à un diagnostic différentiel[1]. Le psychologue est en mesure de bien déterminer le fonctionnement intellectuel de l'enfant, en tenant compte de son développement psychomoteur comme de son affectivité. Il repère ses tendances marquées, celles qui peuvent dans l'avenir se structurer en pathologies. Ainsi, les risques d'échec scolaire, phobiques ou dépressifs, trouvent des réponses préventives. Dans tous les cas, la souffrance naissante est reconnue comme telle. Des solutions permettent de lever les pièges destructeurs de cette fameuse précocité.

C'est l'ensemble de la personnalité qu'il convient de considérer pour viser ce que les parents souhaitent le plus : que leur enfant grandisse bien et soit équilibré.

Un Q.I. sans explication ne vaut rien

Un simple chiffre donné sans explication n'a aucun sens et présente les mêmes dangers qu'un faux diagnostic.

L'intelligence est une entité globale. Elle nécessite donc d'être mesurée selon le plus grand nombre d'angles différents. « La conduite intelligente

1. Deux profils (ou pathologies) différents peuvent recouvrir la même apparence (ou symptomatologie) et donc se ressembler. Il est primordial de ne pas les confondre pour poser les bonnes indications thérapeutiques.

peut faire appel à un ou plusieurs facteurs qui se rapportent davantage aux traits de personnalité et aux aspects « conatifs » (qui déterminent l'impulsion de l'effort) qu'aux aptitudes intellectuelles[1].

L'harmonie compte donc plus que la performance ! Idéalement, un enfant en bonne santé psychique, dont le développement de la personnalité est harmonieux, obtient des résultats homogènes. Cela veut dire que ses résultats s'écartent peu les uns des autres.

Au-delà de certains seuils, la dysharmonie constatée peut révéler différents profils :

- une ingérence des processus affectifs dans les processus cognitifs, par exemple des angoisses qui empêchent l'enfant d'utiliser ses capacités intellectuelles, le mettant en échec ;
- les effets nocifs d'une immaturité ancienne : l'enfant resté immature inhibe, détériore ses potentiels au lieu de les développer, alors même qu'il possédait les ressources nécessaires ;
- certaines pathologies comme les dyslexies ou les dyspraxies.

L'anxiété, toujours présente, est générée en proportion de la dysharmonie, d'où des problèmes de sommeil, de peur ou de comportement.

Épilogue

Les parents de Guillaume, tout comme lui, ont bien compris dans quelle dynamique ils s'étaient engagés. La pression est tombée quand ils ont pris la

---

1. Jacques Grégoire, *Évaluer l'intelligence de l'enfant*, Mardaga, 1995.

décision de le laisser poursuivre normalement sa scolarité. Il sera temps de réévaluer la question en fin de CM1 si nécessaire. L'enseignante accepte d'aménager un programme pour Guillaume. Il devra s'appliquer, être soigneux et, s'il finit avant les autres, il aura le droit de prendre un livre ou d'avancer son travail sur le programme. Ils ont tous su s'adapter : Guillaume en acceptant les contraintes de certains apprentissages, ses parents en le canalisant plus. Ils veillent à ce qu'il s'exprime de manière plus concise. Il doit attendre son tour pour parler et devenir plus autonome dans la vie quotidienne. Quelques rendez-vous espacés, à la demande de Guillaume, m'ont permis de le soutenir dans cette démarche. Il a reconnu l'intérêt de certaines frustrations et a constaté que ses camarades étaient plus amicaux avec lui. Son humeur s'est accordée et il s'est inscrit à un club de foot. Son énurésie persiste toujours avec quelques accès de colères. Il lui faudra du temps pour réorchestrer sa personnalité. Il ne souhaite pas venir me voir souvent et paraît être capable d'y arriver tout seul. Il a appris qu'être intelligent c'est bien, mais cela ne suffit pas. Certains efforts, comparables aux entraînements sportifs, sont nécessaires au développement harmonieux de l'intelligence.

X

PSYCHOLOGUE, MODE D'EMPLOI

Psychanalyste, psychiatre, psychologue,
psychothérapeute, orthophoniste, psychomotricien.

Comment savoir si son enfant nécessite une psychothérapie ou un autre type de soutien ? À quel professionnel s'adresser ? Comment trouver le bon interlocuteur ? Comment se déroule un rendez-vous chez le psychologue ? Risque-t-on de devenir dépendant ? Est-ce dangereux ? Psychologue, psychothérapeute, psychanalyste, pédopsychiatre, quelles différences ?

Ces questions sont légitimes pour les non-initiés qui approchent pour la première fois la planète « psy ». Peu de psychanalystes ont essayé de faire connaître simplement leur travail comme Françoise Dolto. Elle a été accusée de vulgarisation et critiquée pour cela par ses pairs. Nous sommes confrontés aujourd'hui à une profusion d'approches parmi lesquelles il est nécessaire de se repérer. La psychologie est un domaine large et complexe. Embrassant toute la nature humaine, elle ne peut pas s'appliquer de la même manière à chacun. La profession demande beaucoup d'adaptabilité à celui qui l'exerce. Caractéristique essentielle du psychologue, la qualité de sa relation et de son écoute dépend de sa formation, de son expérience et de sa personnalité. Parmi les explications qui suivent, certaines sont des questions de fond et débouchent sur des réflexions à mener. Visant à donner des jalons et les moyens de se situer, ce « mode d'emploi » n'est donc pas dogmatique. À chacun de trouver celui qui lui convient.

Qu'est-ce qu'un psychologue ?

Le titulaire d'un DESS en psychologie a la qualité de psychologue. Ce diplôme d'études supérieures spécialisées est un titre universitaire de fin de troisième cycle obtenu après cinq années d'études – suite à une licence et une maîtrise. Pour exercer en libéral ou en institution auprès d'enfants, la spécialisation du diplôme[1] est impérative : « psychologie de l'enfance », « psychologie clinique » ou « psychopathologie ». Elle donne un savoir théorique solide sur le développement normal et pathologique de la personnalité de l'enfant, ainsi qu'une compétence spécifique en psychométrie (passation et interprétation des tests de personnalité, de niveau ou de Q.I.). Ces spécialisations du diplôme de psychologue permettent aussi de pratiquer des psychothérapies, c'est-à-dire de soigner par des moyens psychiques. Il s'agit, la plupart du temps, de soutenir un sujet dans sa

1. D'autres diplômes en psychologie concernent d'autres champs et donnent des compétences différentes, en psychologie du travail, en neuropsychologie, en psychosociologie, etc.

recherche de guérison, en utilisant certaines techniques de conduite d'entretien, la parole et le bon sens. C'est ce que l'on appelle généralement une psychothérapie de soutien.

Les pédopsychiatres ont un diplôme de docteur en médecine et peuvent également pratiquer ces psychothérapies, comme tous les médecins. Ce sont des psychiatres spécialistes de l'enfance. Ils sont habilités à dresser des ordonnances en cas de besoin, et leurs consultations sont prises en charge par la sécurité sociale, ce qui n'est pas le cas pour un psychologue en exercice libéral.

Qu'est-ce qu'un psychothérapeute ?

Aujourd'hui, le terme de « psychothérapeute » porte à confusion. Toutes sortes de formations prétendent former des psychothérapeutes en quelques mois, sans véritable diplôme. N'importe qui peut se donner ce titre non réglementé. Parmi les psychothérapeutes non diplômés, certains ont acquis un sens clinique et des connaissances solides, mais d'autres appliquent des techniques plus proches de la croyance (comme les cartes ou l'astrologie). Face à un domaine non défini offrant peu de garantie, il est préférable d'être prudent et de se faire recommander un psychothérapeute avant de le consulter. On répertorie plusieurs centaines de psychothérapies différentes. Nombre d'entre elles sont séduisantes mais fantaisistes ou superficielles du strict point de vue thérapeutique. Elles ne sont d'ailleurs jamais pratiquées en milieu hospitalier. Les stages en entreprise ont souvent recours à des techniques « émotionnelles » ou de dynamique de groupe. Elles contribuent à mêler, parfois dangereusement, le registre thérapeutique avec celui de la formation.

Les psychiatres ou les psychologues qui pratiquent des psychothérapies sont différents pour plusieurs raisons. Tout d'abord, en libéral, leur diplôme les exonère de la TVA ! Ils ont surtout une formation théorique et clinique approfondie, complétée par une pratique hospitalière ou institutionnelle dont l'accès leur est réservé. Ils sont capables de porter un diagnostic différentiel, de faire un pronostic et de proposer un projet thérapeutique sérieux. Leur diplôme leur ouvre donc le droit de pratiquer plusieurs sortes de psychothérapies reconnues dans les institutions de soin public.

L'exemple de diagnostic différentiel le plus marquant pour moi fut celui d'un adolescent venu pour des crises d'angoisses paniques avec des peurs phobiques, liées à des impressions de vertige, des tachycardies, le sentiment de mourir et de ne plus pouvoir respirer. Ses crises ne se sont pas modifiées malgré les interventions successives de plusieurs psychothérapeutes et d'un traitement anxiolytique. Lors de nos premiers entretiens, le manque de corrélation entre la description des symptômes et l'histoire de ce garçon m'a amené à douter de ce diagnostic, d'autant que les précédentes psychothérapies n'avaient rien apporté. Un trouble de l'oreille interne pouvant entraîner des vertiges et par conséquent des angoisses secondaires à ces troubles de l'équilibre, j'ai demandé un examen O.R.L. comme préalable à l'éventuelle poursuite d'une psychothérapie. Une tumeur a été diagnostiquée. Dans ce cas précis, il était donc plus indiqué d'intervenir sur un plan chirurgical que psychologique !

Les psychothérapies les plus courantes Généralement, les psychothérapeutes utilisent leur bon sens clinique pour renforcer et soutenir le « moi » d'un patient (sa personnalité consciente). Dans ces psychothérapies classiques, le simple fait qu'un enfant s'exprime en parlant, en dessinant, en « jouant », aura pour effet de le soulager. Le cadre défini par la psychothérapie et les entretiens agit dans ce sens. Un psychiatre ou un psychologue peut poursuivre sa formation personnelle après ses études et apprendre une technique, en fonction de son choix et de ses affinités. Ces psychothérapies font l'objet d'indications ou de contre-indications précises et utilisent des médiateurs. La relaxation, la thérapie familiale, le psychodrame – proche du jeu de rôle – ou la thérapie comportementale sont les plus courantes. Cette dernière vise à obtenir des aménagements face à un symptôme gênant comme une phobie ou un trouble du comportement alimentaire. Elle peut apaiser en peu de temps, mais le risque de déplacement du trouble n'économise pas de devoir approfondir ce travail avec une thérapie qui s'intéresse plus à l'origine de la manifestation pathologique. Une autre sorte de psychothérapie permet d'atteindre les aspects inconscients de la souffrance : la psychothérapie d'inspiration psychanalytique.

Est-ce que la psychanalyse s'applique aux enfants ? Freud, son fondateur, définit ainsi la psychanalyse : « Nous avons nommé psychanalyse le travail par lequel nous amenons à la conscience du malade le psychique refoulé en lui. » Son but est de remonter des pensées conscientes aux pensées inconscientes, c'est-à-dire à leur représentation inconsciente. Il s'agit de déterminer le sens latent des phénomènes psychiques conscients. Mettre à jour ce qui était inconscient permet de dénouer les conflits, de relier les représentations inconscientes à des mots et de les rendre accessibles à la conscience. Il est possible de comprendre les phénomènes des rêves, des lapsus, des actes manqués et des symptômes, voire même des œuvres artistiques picturales ou littéraires, ainsi que tout phénomène social ou individuel de la vie courante. La psychanalyse, utilisée comme processus thérapeutique, est désignée par plusieurs termes : « psychothérapie analytique », « d'inspiration psychanalytique », « cure psychanalytique » ou, plus simplement, « psychanalyse », « analyse ».

Sans doute à tort, on emploie le mot « psychothérapie » pour un enfant, que son psychothérapeute soit psychanalyste ou non. Le psychologue ou le psychiatre qui utilise la psychanalyse a une écoute qualitativement différente. La souffrance est abordée dans ses rapports avec l'histoire du sujet et son inconscient. Une cure d'enfant est un aménagement de la cure classique d'adulte. Ses « jeux », paroles, dessins et rêves pourront faire l'objet d'interprétations psychanalytiques. L'enfant rejoue ses difficultés pendant les séances et les projette sur le cadre et sur le thérapeute. Ce transfert est le moteur de la cure. Les problèmes de l'enfant et de ses parents sont donc abordés dans toutes leurs dimensions, consciente et inconsciente.

Qu'est-ce qu'un psychanalyste ?

Quant à la pratique, elle ne s'apprend pas ! Pour diriger une psychothérapie psychanalytique, l'analyste doit lui-même avoir effectué auparavant une psychanalyse longue et approfondie, avec un psychanalyste reconnu. Tout comme le statut de psychothérapeute, celui de psychanalyste n'est pas officiellement protégé. Aucun diplôme ne peut valider la profondeur ni l'authenticité de l'analyse effectuée par le thérapeute. D'autant plus qu'il doit en refaire plusieurs « tranches » au cours de sa vie, comme le recommandait Freud. La plupart des psychanalystes ont néanmoins obtenu au préalable le titre de psychologue ou de psychiatre. L'étude théorique de la psychanalyse demande un travail permanent de réflexion entre confrères tout au long de leur carrière. Les psychanalystes sérieux suivent aussi une formation continue, avec leurs pairs, dans une association ou une école psychanalytique. Ils se plient à des « supervisions » ou à des « contrôles » avec un autre psychanalyste afin d'analyser leur travail : les séances avec leurs patients. Ces expériences leur donnent une compréhension des processus inconscients et une certaine distance. Ils évitent ainsi de mélanger leurs questions personnelles avec celles de leurs patients. Cette pratique sur eux-mêmes développe une écoute particulière et aiguise le sens clinique. Les interventions psychanalytiques mobilisent les noyaux profonds de la personnalité.

Il n'est pas nécessaire d'entrer dans les descriptions des différentes « chapelles » psychanalytiques, ni dans les débats internes à la profession relatifs à la formation du psychanalyste. Les « familles » psychanalytiques possèdent chacune des caractéristiques propres qui sont plus pertinentes pour les praticiens que pour les parents qui recherchent « le bon » psychothérapeute pour leur enfant. D'autres critères doivent donc prévaloir dans ce cas.

Le coût est-il important ?

La notion du coût est bien sûr importante, d'abord pour le budget familial, mais ne devrait pas, en principe, être le critère de choix. Considérer sa souffrance psychique comme une maladie fige aussi la dynamique de changement. Au lieu d'engendrer une réaction salutaire face à son problème, cette attitude rend passif. La solution est attendue de l'extérieur comme un médicament. La motivation des patients assistés est donc différente. C'est ce que montre l'expérience psychanalytique. Contrairement au fait d'être « pris en charge » par la société, payer soi-même représente une prise d'indépendance vis-à-vis du thérapeute. L'implication des parents est primordiale dans une cure d'enfant. Tout cela peut avoir des conséquences sur la réussite d'une psychothérapie. Ainsi, pour des raisons d'efficacité, un psychothérapeute peut-il demander à un enfant ou à un adolescent de « payer » ses séances, de manière symbolique ou proportionnelle à son argent de poche. Dans tous les cas, l'économie doit être psychique avant d'être financière.

Ce point de vue se rapproche de certaines cultures asiatiques où la conception de la santé suit une orientation psychosomatique, c'est-à-dire où l'influence du psychisme sur le corps est prise en compte. Les patients payent leur médecin tant qu'ils sont en bonne santé, mais arrêtent de le payer s'ils tombent malades !

La conscience du rôle que joue l' implication personnelle dans les processus de guérison se répercute sur sa propre santé par un rapport actif avec elle.

Dans la culture occidentale, si le principe de payer ses séances est bénéfique, il ne peut pas être considéré comme une loi générale ni, bien sûr, s'appliquer à tous dans les mêmes proportions. Devant les disparités et les cas différents, la question compliquée du remboursement doit rester ouverte. Notre société offre un choix de possibilités dans ce domaine. Tous ces professionnels de la santé psychique pratiquent en cabinet privé, mais aussi en institution où les rendez-vous sont gratuits : centre médico-psycho-pédagogique, hôpital, dispensaire…

En exercice libéral, il est d'usage d'adapter les honoraires aux revenus des patients pour les raisons qui précèdent. Il est toujours étonnant pour un psychanalyste de recevoir un appel où parfois, la première question posée concerne le remboursement. Dans les cas où cela signifie : « Je souffre (mon enfant souffre) mais je ne ferai aucun effort pour m'en sortir (qu'il s'en sorte) », la demande ne peut pas être recevable par un psychanalyste. D'autres demandes de rendez-vous sont aussi vouées d'avance à l'échec. Il s'agit des familles qui sont disponibles uniquement le jeudi entre 18 heures et 18 h 30, entre le judo et le cours de piano ! (Le thérapeute n'a pas intérêt à prendre du retard dans ses consultations !) Dans ces deux exemples, l'investissement de départ est insuffisant et manque de maturité. La demande est ambivalente. Ces attitudes où aucun effort n'est fourni au départ ont plus le sens d'une résistance au changement. L'aspect relationnel avec le thérapeute en est exclu. Une psychothérapie psychanalytique ne pourrait pas aboutir dans de telles conditions. Entériner une telle demande reviendrait à cautionner cette attitude. Le psychothérapeute se rendrait en quelque sorte complice du non-désir de s'investir dans une psychothérapie digne de ce nom.

Une façon de poser ce cadre psychanalytique consiste à faire payer les rendez-vous manqués pour les mêmes raisons. Ceci évite les comportements de négligence et peut aussi être appliqué de manière souple et adaptée à la réalité, en gardant tout son sens structurant.

Comment choisir le bon psychologue ? La psychothérapie d'un enfant est une affaire sérieuse et ne s'improvise pas. Les psychologues ont reçu une solide formation, en particulier dans ce domaine de l'enfance. Le pédiatre et le médecin généraliste sont les mieux placés pour recommander un thérapeute qui a « pignon sur rue » et dont ils connaissent la réputation et les résultats. L'école, les orthophonistes ou d'autres parents qui ont déjà consulté peuvent aussi conseiller un nom.

En règle générale, un psychothérapeute ne suit pas plusieurs membres de la même famille, pour garantir à chacun un espace psychique bien individualisé et ne pas introduire, ne serait-ce qu'en fantasme, la possibilité d'un « télescopage » entre eux. C'est pourquoi il m'arrive d'adresser un frère, une sœur ou un parent à un confrère. Je donne souvent deux adresses et conseille aux parents d'en rencontrer un, sans l'enfant. Il est indispensable que le « courant passe bien ». Cette impression, presque magique, signifie que le thérapeute vous a écouté et compris. Si, en sortant de ce premier entretien, les parents sont soulagés et entrevoient des solutions pour leur enfant, la moitié du chemin est parcouru. Dans le cas contraire, il est utile de rencontrer la deuxième personne indiquée.

Que peut-on attendre d'un psychologue ?

Sa disponibilité

Le premier critère pour choisir un psychologue est sa disponibilité. Un psychologue doit pouvoir donner des rendez-vous rapidement, au moins pour un avis. Un premier rendez-vous à plus d'un mois n'a pas de sens. À l'âge des enfants, il faut analyser rapidement la question quand elle se présente.

Son contact, ses explications

Un psychologue, psychanalyste ou non, a le droit d'être chaleureux et de rompre un silence angoissé ! L'attitude de neutralité bienveillante préconisée aux analystes par Freud est souvent comprise, à tort, comme une attitude de glaciation silencieuse ! Les parents doivent aussi recevoir des réponses claires à leurs premières questions. Il est indispensable que le psychologue rencontre les parents régulièrement. Ces échanges aident autant les parents que le psychothérapeute. Attention ! Il ne s'agit pas de leur rapporter le contenu des séances avec leur enfant : ses paroles sont protégées par le secret professionnel. L'enfant, en revanche, peut s'il le souhaite les répéter à sa famille.

Sa méthode

Selon la teneur du premier entretien, le psychologue peut lui donner plusieurs suites. Soit quelques séances suffisent pour « sortir » des pièges, quand ils sont repérés assez tôt, soit un examen psychologique se révèle utile pour évaluer et analyser en profondeur, rapidement et objectivement, les difficultés de l'enfant. Il s'agit d'une passation de tests[1], dont les épreuves sont étalonnées, c'est-à-dire qu'elles permettent de comparer les capacités de l'enfant à celles d'un grand nombre d'enfants appartenant à la même classe d'âge. Les résultats donnent un diagnostic précis sur lequel des décisions peuvent s'appuyer : un conseil d'orientation scolaire, une adresse vers d'autres spécialistes ou l'indication d'une psychothérapie. Dans ce dernier cas, le plus tôt est le mieux et le psychologue doit pouvoir proposer des rendez-vous réguliers. Enfin, selon les cas, il affinera son diagnostic auprès d'un orthophoniste ou d'un psychomotricien. Il évaluera mieux la pertinence d'un travail sur la cause des symptômes (ce qui est plus du ressort de la psychothérapie) ou directement sur ceux-ci (l'approche rééducative concerne alors l'orthophoniste ou le psychomotricien selon le cas).

La conclusion de l'examen psychologique

À l'issue de l'examen psychologique, le psychologue mesure dans son ensemble la maturité des différentes lignes de développement qui composent la personnalité de l'enfant et ses éventuels décalages. Il situe l'enfant en fonction de son histoire et de son dynamisme psychique. Le psychologue évalue de la sorte l'équilibre de sa balance sécurité/risque[2]. L'écoute des conclusions, des explications et des arguments doit permettre aux parents d'avoir ensuite leur propre jugement. Lorsque

1. Tests de personnalité comme le test des taches d'encre de Rorschach ou de quotient intellectuel comme le Wechsler (*cf.* pp. 257-259.

2. *Cf.* p. 69.

des tests ont été passés, un compte rendu écrit indiquant les résultats complets *et* leur interprétation est remis. Enfin, si une psychothérapie est proposée, elle ne doit surtout pas être menée en excluant les parents, elle perdrait toute pertinence.

Ces rendez-vous engagent-ils pour longtemps ? Si de nombreux pièges peuvent être levés dans un court laps de temps et ne demandent pas de véritable psychothérapie, d'éventuels problèmes plus anciens, ou structurés sous des formes plus complexes et profondes, en nécessitent une. Ce sera plus long. Une psychothérapie d'enfant se compte souvent en mois, rarement en années. Il est impossible de prédire à quelle vitesse un enfant évolue, mais il est toujours envisageable pour les parents de faire le point sur ce sujet avec le psychothérapeute. Le rythme classique est généralement d'une séance hebdomadaire. Elles peuvent s'espacer tous les quinze jours dans certains cas, mais au-delà elles perdent de leur consistance. Sauf en cas de problèmes graves, au début d'une psychothérapie les enfants se désinhibent, font des progrès et se sentent vite mieux. La démarche et l'analyse du psychologue sont donc bien engagés. La psychothérapie ne doit surtout pas s'arrêter là. Un travail de fond, d'étayage reste à mener à travers la relation qui s'est établie entre le psychothérapeute, l'enfant et ses parents.

Comment se termine une psychothérapie ? Généralement les enfants sont très heureux de venir à leurs séances. Sauf s'ils regardent la télévision au moment de partir de chez eux. (Dans ce cas le psychologue ne fera pas le poids !) À certains moments délicats de leur psychothérapie, il leur arrive de ne plus rien avoir à dire. L'enfant approche peut-être d'un moment clé ou difficile. Il est souvent nécessaire de lui redéfinir ce qu'il vient faire et pourquoi. La décision d'arrêter peut être prise si l'on est sûr que l'enfant se détache du psychothérapeute pour investir d'autres centres d'intérêt. Bien entendu, il doit auparavant avoir pris sa vie en main et retrouvé une harmonie scolaire et relationnelle.

Faut-il consulter un psychologue pour une simple inquiétude ?

Nous souhaitons attirer l'attention sur l'intérêt de la prévention. La solitude parentale, qui prévaut dans notre société, nécessite de rencontrer des interlocuteurs. Échanger des idées, même les plus banales, et parler de ses inquiétudes évite des pièges qui auraient pu se refermer sur un silence. Il ne faut pas hésiter à consulter et à prendre conseil. Il se peut que les enseignants ou le pédiatre aient tendance à banaliser les craintes des parents, souvent à juste titre, mais parfois par manque de temps ou parce que celles-ci portent sur un problème méconnu ou jugé non prioritaire. L'inquiétude sera alors attribuée à l'anxiété des parents qui, rappelons-le, fait partie de leur rôle en mobilisant leur vigilance. Parfois, c'est le père lui-même qui évacue ou rationalise le problème qu'il trouve secondaire et, la plupart du temps, la mère est seule à le gérer.

C'est au psychologue, au thérapeute d'écouter d'une oreille psychanalytique ces « petits indices », que seuls les parents peuvent ressentir comme alarmants, mais qui sont aussi parfois signalés par d'autres intervenants. Il est toujours essentiel d'écouter ce que les mères, en particulier, ressentent et savent exprimer, et de les aider à prendre un peu de distance avec leur enfant. C'est ce recul qui manque souvent aux parents et empêche même parfois de voir que l'enfant est bien. Les consultations, de plus en plus nombreuses, au cours desquelles les parents osent afficher leur inquiétude et où il ressort que tout va bien, sont parmi celles que je préfère. Elles donnent parfois lieu à quelques rendez-vous espacés. Les préoccupations qui s'y expriment proviennent souvent de mauvaises interprétations de comportements tout à fait normaux. Les pièges prêts à se refermer sont alors faciles à éviter. Il a suffi de prendre le temps d'un échange approfondi !

Il ne s'agit pas d'encourager la surconsommation « psy », cependant les neuf dixièmes des consultations concernent des enfants dont les troubles scolaires ou comportementaux auraient pu être évités plus vite et plus tôt dans leur petite enfance. La souffrance les envahit, prend des formes variées et se répercute sur toute la dynamique familiale. Alors, pourquoi attendre pour consulter et prendre le risque de complications ?

« Ça va passer, ce n'est pas important, c'est un enfant, il est encore jeune... » Pourquoi certains parents pensent-ils ainsi ? Peut-être par amour-propre, par manque d'énergie, par peur de se remettre en question ou parce qu'ils n'évaluent pas les conséquences possibles de la situation. Parfois, ils évitent un désaccord dans le couple. Il arrive aussi qu'ils aient déjà eu une mauvaise expérience avec des psychologues, ou craignent d'être mis en accusation par des professionnels maladroits ou incompétents.

Le plus souvent, les parents ne consultent pas assez tôt par méconnaissance des enjeux et des moyens de régler le problème. Quand ils sont bien informés, ils passent généralement outre à leurs considérations personnelles et à leur amour-propre.

Il faut savoir que les petits problèmes avant 6 ans trouvent une solution rapide avec une aide adaptée et précoce. En général, il s'agit d'étapes à franchir ou de petits réajustements relationnels. Quand la difficulté est plus profonde, intervenir tôt permet d'interrompre cette cascade de problèmes enchevêtrés. Par ailleurs, il ne faut pas oublier que le psychologue est avant tout un interlocuteur privilégié, à la disposition des parents qui se posent simplement des questions, même en dehors de toute pathologie. Son éclairage neuf peut aider à prendre des décisions. Lorsqu'il s'agit d'annoncer des nouvelles tristes – une séparation ou la décision d'un redoublement – le psychologue apporte une analyse différente, plus globale. Il mesure avec plus de distance les intérêts conscients et inconscients de l'enfant, qui varient beaucoup d'un âge à l'autre. Le psychologue est aussi un bon médiateur quand le dialogue est coupé entre les parents et l'enfant.

Que faire lorsque son enfant présente des signes de dyslexie, de dysorthographie ou de dyscalculie ?

Face à des troubles scolaires, il est indispensable d'établir un diagnostic précis avant d'employer ces mots qui désignent des pathologies. En cas de purs problèmes scolaires, il est préférable de s'adresser dans un premier temps à un orthophoniste. Mais attention, ces troubles ne sont pas anodins et, pour les résoudre, il faut souvent associer au bilan orthophonique un bilan en psychomotricité et/ou un examen psychologique approfondi. Dans la plupart des centres hospitaliers de consultation médico-psychologique ou médico-psycho-pédagogique (CMPP), les trois bilans sont systématiquement effectués et comparés.

Le diagnostic complet permet d'établir une stratégie thérapeutique. Il doit viser de manière durable la résolution des troubles scolaires visibles, leur origine et leurs conséquences sur la personnalité.

N'oublions pas que le temps joue contre l'enfant. Le retard accumulé aura des répercussions non seulement sur sa scolarité mais sur l'ensemble de sa personnalité. Plus tôt le trouble sera diagnostiqué, plus vite l'enfant se sentira mieux « dans sa peau ». Il retrouvera son « appétit » à apprendre, le plaisir de communiquer. Les pertes de temps sont catastrophiques pour un enfant. C'est pourquoi une psychothérapie, une rééducation orthophonique ou psychomotrice doivent s'étayer sur un diagnostic approfondi. Des dyslexies de même apparence ont des origines très diverses. Une même indication thérapeutique ne donnera donc pas toujours des résultats identiques. À partir du diagnostic, il est possible de déterminer s'il faut privilégier la prise en charge psychothérapeutique ou rééducative, agir simultanément ou dans un certain ordre. Par exemple, en cas de dyslexie, des années de rééducation effectuées sans se préoccuper des éventuelles causes psychologiques ne feraient que compenser les troubles, sans pour autant les résoudre. Il est courant de mener une psychothérapie en association avec une rééducation orthophonique ou psychomotrice. L'efficacité des deux approches complémentaires, rééducative et thérapeutique, en est accrue.

Orthophoniste, psychomotricien et psychologue sont trois consultants privilégiés de l'enfance.

Chacun a sa spécificité. Pour les problèmes de langage, oral et écrit, l'orthophoniste évalue la nécessité d'une aide en expression orale pour l'enfant. N'oublions pas que les troubles d'articulation peuvent engendrer des confusions de son à l'écrit, dès le CP. Un langage immature, pauvre en vocabulaire, peut être à l'origine de troubles de la compréhension. Certains orthophonistes sont spécialisés dans les rééducations des troubles logicomathématiques[1]. Le psychomotricien est plus concerné par les troubles et les retards psychomoteurs[2]. Le développement psychomoteur étant à la base des aspects cognitifs et affectifs de la personnalité, ses interventions sont donc essentielles et très structurantes jusqu'à 6 ans, et souvent complémentaires au travail d'un orthophoniste ou d'un psychologue avec des enfants plus grands. Dans certains cas, les problèmes de dyslexie ou de logique mathématique peuvent être abordés avec efficacité en psychomotricité.

---

1. *Cf.* chap. 7 à propos de la dyscalculie. Ces orthophonistes se sont spécialisés après un diplôme d'État obtenu en quatre ans d'études.
2. Le domaine de la psychomotricité concerne notamment les repères dans l'espace, le temps, la latéralité, la concentration, l'inhibition et l'instabilité. Les psychomotriciens sont diplômés d'État après trois ans d'études.

Ces trois spécialistes de l'enfance effectuent toujours en premier lieu un bilan, en faisant passer des épreuves spécifiques pour mesurer les difficultés, les éventuels retards et décalages de maturité, chacun dans son domaine.

La tentation est grande de « normaliser » son enfant en répondant trop précipitamment par un abord rééducatif à ses difficultés. Mais il est risqué de se précipiter chez un orthophoniste, un psychomotricien ou un psychologue qui ne traiterait que le symptôme, le comportement et pas la cause, l'origine du problème. Ce serait ignorer la partie immergée de l'iceberg. L'enfant ira mieux tant que le soutien se maintiendra, mais au risque de voir la relation d'aide déraper vers une relation de dépendance ou d'aboutir au déplacement du symptôme.

CONCLUSION

Ce livre présente la psychopathologie non plus comme une malédiction, mais comme un destin qui n'a pas été pris en main[1]. L'expérience clinique le confirme : il est possible d'éviter un certain nombre de pièges qui, s'ils n'étaient pas déjoués, feraient évoluer la personnalité de l'enfant de manière dysharmonieuse.

Un enfant va bien et effectue correctement ses apprentissages successifs (du sommeil aux mathématiques) si la qualité de la relation précoce avec sa mère lui a procuré des « bons points sécurité/risque ». L'un et l'autre vont devoir se séparer psychiquement à plusieurs reprises pour établir de nouveaux rapports et permettre à l'enfant de progresser. Ces séparations sont possibles du fait qu'il existe une fonction paternelle, portée les premières semaines par la mère, puis de plus en plus par le père. Ensuite le père intervient directement

1. Idée que développe Patrick Guyomard dans *La Jouissance du tragique : Antigone, Lacan et le désir de l'analyste*, Aubier, 1992.

auprès de l'enfant, au fur et à mesure qu'il grandit. Ses interventions sont de plus en plus « opérantes » sur l'enfant, qui « craint » et accepte son autorité. Le père protège d'une part l'enfant contre les peurs de grandir, d'autre part la mère contre la peur que son enfant se trouve abandonné et sans défense. La fonction maternelle peut alors prendre le relais de la préoccupation maternelle primaire, dans un climat de sécurité.

Or ce schéma « idéal » ne correspond plus à la réalité d'aujourd'hui. En témoignent l'augmentation du nombre des divorces et les reproches mutuels invoqués par les parents. Chacun exige de son partenaire une perfection sans faille, croyant mieux que l'autre ce qu'est un bon père ou une bonne mère. La confusion des rôles s'est substituée à la complémentarité. Tout fonctionne comme si la différence et l'incomplétude des sexes étaient devenues insupportables. Cette négation des différences se manifeste aussi dans la mode qui demande au « bon père » d'être comme une mère pour ses enfants, et à la « bonne mère » de soutenir cette attitude chez le père.

La faillite de l'autorité au sens large, l'accroissement de la violence et de la délinquance montrent aujourd'hui la difficulté de repérer la loi, de l'énoncer et de l'appliquer. Le désarroi envahit les cellules familiales, les enseignants et toute notre société. Ce qui fait dire que les pères « démissionnent ». Grave erreur, c'est la fonction paternelle qui est en déclin – et non les pères !

Quant à l'échec scolaire, motif principal des consultations chez le psychologue, il trahit en amont un manque d'autonomie de la pensée de l'enfant en difficulté. À sa source, on repère dès le plus jeune âge des séparations – comme le sevrage – râtées ou incomplètes, insuffisamment symbolisées. Elles manquent de paroles séparatrices et sécurisantes, de cette loi transmise par la fonction paternelle. Tout se passe comme si la préoccupation maternelle primaire, cet état de disponibilité totale de la mère autour de la naissance, se prolongeait de manière exagérée, décalée, ne permettant pas d'accéder à une fonction maternelle supérieure et mieux ajustée. C'est pourquoi l'angoisse qui envahit la relation mère/enfant, celle de perte du lien d'amour, est dépressive, comme lors d'un deuil qui ne s'achèverait pas. Elle s'exprime de nos jours dans les comportements parentaux de surprotection et provoque dans certains cas des pathologies de dépendance (« addictives »).

Le rôle du psychologue consiste souvent à restaurer la circulation de cette fonction paternelle. Il peut d'autant mieux y parvenir que les parents se l'approprient activement. C'est pourquoi, on ne le dira jamais assez, il est important d'intervenir assez tôt pour ne pas laisser les « pièges de l'amour » se refermer totalement. En rencontrant, même ponctuellement, cet interlocuteur privilégié, sans attendre la cristallisation d'un problème simple de communication, on évite que la souffrance ne se fixe et évolue en véritable pathologie.

La tendance à surprotéger nos enfants de dangers réels ou imaginaires est probablement à rapprocher de l'instabilité psychique que nous traversons, à l'aube du troisième millénaire. Cette situation complexe, propre à l'Occident, demanderait une approche pluridisciplinaire, philosophique, sociale, historique et politique, en complément des observations psychologiques. De nombreux auteurs l'ont évoquée et analysée, chacun dans leur domaine[1].

On l'observe chez les enfants, attirés par le monde numérique, les jeux vidéo et, à partir de la préadolescence, par les *reality shows.* Cette atmosphère virtuelle leur propose une néoréalité où les repères entre réel et imaginaire sont estompés. En outre, les *reality shows* et certains jeux télévisés prennent de plus en plus une teinte perverse qui réduit le statut humain à celui d'objet manipulable.

Le développement des techniques et des communications favorise la virtualisation et la mise à distance du contact. Le clivage entre l'amour et la sexualité, réduite au besoin, se mesure au succès des sites pornographiques sur Internet. La flambée des téléphones « ombilicaux », dits cellulaires, traduit la profonde nécessité de maintenir un lien et de lutter contre l'angoisse de perte d'amour.

Les progrès génétiques, biologiques et informatiques nous placent au seuil de nouvelles générations d'hommes bioniques ou clonés et du mélange des espèces. La frontière s'efface entre mort et vivant ou entre homme et femme. La réalité rejoint les fantasmes.

Les images du corps ainsi manipulées sont devenues inconsciemment des modèles pour les adolescents, comme le montrent leurs vêtements déchirés, leurs lacets déliés, leurs tatouages et piercings. Cette mode en plein essor est vide des significations symboliques qu'on observe dans les rituels

1. Parmi les psychanalystes, Jean-Jacques Moscowitz, René Major, Roger Dorey et, parmi les écrivains, Jean-Claude Guillebaud.

ethniques. Ces signes utilisés par les adolescents et les adultes cernent les trous de leurs corps et renforcent la fonction contenante de la peau. Ce « moi-peau[1] », étayé à partir des relations précoces entre la mère et l'enfant, semble devenu insuffisant. C'est peut-être aussi le sens de ces implants sous-cutanés ou osseux qui visent à modifier les formes du corps. La chirurgie esthétique est utilisée par des artistes, dans des « performances » où l'œuvre d'art est constituée par leur corps et l'opération chirurgicale[2] !

Les grandes découvertes biotechnologiques changent donc le panorama dans lequel se structure le psychisme. Avant de constituer des progrès pour l'homme, les bouleversements scientifiques transgressent les lois les plus fondamentales qui régissent la vie en société. Dans les champs juridique, philosophique et psychologique, il faut redéfinir le statut du vivant et du mort. Au risque de ne plus savoir comment mourir.

Enfin, ces bouleversements scientifiques se télescopent avec les images réelles et « crues » des meurtres en masse d'un siècle de génocides[3]. Celles-ci ont fait effraction, à notre insu, en chacun de nous et sont devenues une dimension de notre représentation de l'humanité, du lien humain et de la loi.

L'art contemporain en est imprégné, à l'exemple des corps décharnés sculptés par Giacometti ou

---

1. Notion développée par Didier Anzieu, *Le Moi-peau,* Dunod, 1985.
2. Orlan, Stelarc, Fakir Musafar, etc., sont représentatifs de ce mouvement. *Cf.* Paul Ardenne, *L'Image corps, figures de l'humain dans l'art du XXe siècle,* Éditions du Regard, 2001.
3. Le premier étant celui des Arméniens en 1915, suivi par ceux des Juifs, Tziganes, Ibos au Biafra, Kurdes, Tutsis, Cambodgiens, Bosniaques musulmans.

peints par Zoran Music. Les amoncellements d'hommes, de femmes et d'enfants numérotés et tatoués, leur peau transformée en abat-jour, se superposent aux Biafrais déformés par la malnutrition, aux corps dégénérés et stériles des descendants des victimes de Hiroshima et à ceux, morcelés, des kamikazes d'aujourd'hui. Tous ces corps rappellent la part d'inhumain en chacun de nous[1] et sont témoins de la perte du lien humain, si fragile. Les effets de cette déshumanisation en cascade apparaissent sous forme de psychopathologie dans les générations suivantes. Les transgressions ont dépassé la limite du représentable et imprègnent de manière subliminale et collective notre psychisme. Les meurtres impunis tourmentent les survivants. C'est pourquoi le travail de mémoire et les tribunaux internationaux jouent un rôle essentiel dans la symbolisation de ce qui a été transgressé. Ils tentent de rétablir la continuité qui a été rompue dans l'humanité.

Ces images, ajoutées aux transgressions nées des progrès de la science, attaquent en profondeur les certitudes qui fondaient nos lois, c'est-à-dire nos repères symboliques, que j'appelle la fonction paternelle.

En atteignant l'image du corps et le lien humain, ces événements participent aux nouvelles formes prises par les angoisses contemporaines. Les enfants bénéficiant d'une balance sécurité/risque favorable peuvent investir les « nouveaux conti-

---

1. Le philosophe Jacques Derrida parle, au-delà de la pulsion de mort, de la pulsion de cruauté (intervention aux états généraux de la psychanalyse, le 9 juillet 2000, Paris, La Sorbonne).

nents » que la technique leur offre avec toute leur créativité. Ceux dont l'ancrage dans la réalité est incertain, et le lien avec les autres fragile, ont la certitude de s'y perdre.

Écartelée entre transgressions et virtualisation, l'image inconsciente du corps est fragilisée[1], la loi piétinée, la fonction paternelle ne préserve plus contre la barbarie. Parents et enfants se sentent menacés, au plus profond de leurs raison d'exister.

Le travail de restauration de cette fonction paternelle est possible : il s'agit peut-être d'une mutation, mais elle doit être menée activement, sur un plan à la fois collectif et individuel. En laissant aux élus politiques leur part, cet ouvrage vise à encourager la prise de conscience personnelle des parents, de leur donner, non pas des recettes, mais des éléments pour penser leur « travail[2] ».

---

1. En ayant fait aboutir toute son œuvre sur l'image inconsciente du corps, Françoise Dolto nous laisse un héritage presque visionnaire des risques humains contemporains, que nous devons surtout à la grande valeur de sa perception clinique.
2. Freud écrit en 1937 dans *L'Analyse finie et l'Analyse infinie* : « Les deux autres professions impossibles [en plus de celle d'analyste], connues depuis longtemps, sont celles d'éduquer et de gouverner. »

INDEX THÉMATIQUE

REPÈRES BIBLIOGRAPHIQUES

ANZIEU Didier, *Le Moi-peau,* Dunod, 1985.

ARDENNE Paul, *L'Image corps, figures de l'humain dans l'art du XXe siècle,* Éditions du Regard, 2001.

BACOT Jean-Pierre et COQ Christian (sous la direction de), *Travail de mémoire 1914-1998. Une nécessité dans un siècle de violence,* « Mémoires » n° 54, Autrement, 1999.

BAREAU André, « Norme et Latéralité dans la civilisation indienne », dans *Main droite et Main gauche, norme et latéralité* (ouvrage coll.), PUF, 1968.

BERGERET Jean, *Psychologie pathologique, théorie et clinique,* Masson, 1972.

BETTELHEIM Bruno, *La Psychanalyse des contes de fées,* Robert Laffont, 1976.

BOWER T. G. R., *Le Développement psychologique de la petite enfance,* Mardaga, 1978.

CADIE Sylvie, *Latéralité et Image du corps chez l'enfant, approche psychanalytique,* Paidos/Bayard, 1988.

CYRULNIK Boris, *La Résilience : le réalisme de l'espérance* (ouvrage coll.), Érès, 2001.

DOLTO Françoise, *L'Image inconsciente du corps*, Seuil, 1984 ; *Psychanalyse et Pédiatrie*, Seuil, 1971.

FREUD Anna, *Le Normal et le Pathologique chez l'enfant : évaluation du développement normal durant l'enfance, évaluation du pathologique*. Gallimard, 1968.

FREUD Sigmund : « Lettres à Wilhelm Fliess », « Lettre 80 du 29/12/1898 » et « Lettre 81 du 4/1/1898 », dans *La Naissance de la psychanalyse*, PUF, 1956 ; *L'Interprétation des rêves*, PUF, 1905 ; *Introduction à la psychanalyse*, Petite Bibliothèque Payot, 1916 ; « La Négation », dans *Résultats, idées, problèmes*, PUF, 1925 ; « Analyse finie et Analyse sans fin », dans *Résultats, idées, problèmes*, PUF, 1937.

GÉRARD Christophe-Loïc, *L'Enfant dysphasique, évaluation et rééducation*, De Bœck Université, 1993.

GRÉGOIRE Jacques, *Évaluer l'intelligence de l'enfant*, Mardaga, 1995.

GUILLERAULT Gérard, *L'Image du corps selon Françoise Dolto : une philosophie clinique*, Institut Synthélabo pour le progrès de la connaissance, 1999.

GUYOMARD Patrick, *La Jouissance du tragique : Antigone, Lacan et le désir de l'analyste*, Aubier, 1992.

JALLEY Émile, « Opposition » (concept d'), dans l'*Encyclopædia Universalis*.

KHERUMIAN R., « Fréquence des gauchers et ambidextres chez les étudiants parisiens », dans *Main droite et Main gauche, norme et latéralité*, PUF, 1968.

MARTINET André, « La Dextre et la hiérarchie des valeurs linguistiques », dans *Main droite et Main gauche, norme et latéralité*, PUF, 1968.

MONTAGNER Hubert, « Les Activités ludiques du jeune enfant : jeu ou ontogenèse ? », dans *Vers l'éducation nouvelle, Revue des centres d'entraînement aux méthodes d'éducation active*, n° hors-série, *L'Activité ludique dans le développement psychomoteur et social des enfants*, 1974.
L'Enfant et la Communication, Stock, 1978.

PIAGET Jean, *La Psychologie de l'intelligence*, Armand Colin, 1967.

Naissance de l'écriture cunéiforme et hiéroglyphes : Galeries nationales du Grand Palais, 7 mai-9 août 1982, Éditions de la Réunion des musées nationaux, 1982.

PIRALIAN Hélène, *Génocide et Transmission*, L'Harmattan, 1994.

POTEL Catherine (sous la direction de), « Psychomotricité entre théorie et pratique », dans *Press édition*, Serge et France Perrot Éditeurs, 2000.

Rodin, les mains, les chirurgiens, catalogue de l'exposition du musée Rodin, 30 novembre 1983-9 janvier 1984.

ROUDINESCO Élisabeth, *Pourquoi la psychanalyse ?*, Fayard, 1999.

SIMON Anne-Marie, *Paroles de parents : prévention du bégaiement et des risques de chronicisation*, L'Ortho-Édition, Isbergues, 1999.

SPITZ René, *De la naissance à la parole*, PUF, 2002.

TISSERON Serge, *Psychanalyse de l'image. Des premiers traits au virtuel*, Dunod, 1995 ; *Enfants sous influence : les écrans rendent-ils les jeunes violents ?*, Armand Colin/HER, 2000.

WALLON Philippe, CAMBIER Anne, ENGELHART Dominique, *Le Dessin de l'enfant*, PUF, 1990, édition refondue en 1998.

WINNICOTT D. W., *Jeu et Réalité. L'Espace potentiel*, Gallimard, 1975 ; *La Petite « Piggle ». Traitement psychanalytique d'une petite fille*, Payot, 1980 ; « La Préoccupation maternelle primaire », dans *De la pédiatrie à la psychanalyse*, Payot, 1969.

ZAZZO René (colloque sous la direction de) *L'Attachement*, Delachaux et Niestlé, 1972.

REMERCIEMENTS

Je dédie cet ouvrage à tous ceux qui m'ont consulté, offert leur confiance et appris : en particulier Léonor, Édouard, Isabelle et Jean-Daniel ; Sandra, nos enfants Thomas et Léonore, et mes parents.

Je tiens à exprimer ma reconnaissance à Octave Mannoni que nous regrettons, Catherine Mathelin, Patrick Guyomard, Jean-Claude Lemaire et à l'équipe du CMPP de Gouvieux. Parmi mes pairs, ils m'ont ouvert à eux tous la possibilité de comprendre et de transmettre.

Je remercie pour leur soutien critique et bienveillant dans ce travail d'écriture, Sandra Dab et Émilie Rondonneau.

TABLE

Bien-être, des livres qui vous font du bien

Psychologie, santé, sexualité, vie familiale, diététique... : la collection Bien-être apporte des réponses pratiques et positives à chacun.

Psychologie

Thomas Armstrong
Sept façons d'être plus intelligent - n° 7105

Jean-Luc Aubert et Christiane Doubovy
Maman, j'ai peur – Mère anxieuse, enfant anxieux ? - n° 7182

Anne Bacus et Christian Romain
Libérez votre créativité ! - n° 7124

Anne Bacus-Lindroth
Murmures sur l'essentiel – Conseils de vie d'une mère à ses enfants - n° 7225

Simone Barbaras
La rupture pour vivre - n° 7185

Martine Barbault et Bernard Duboy
Choisir son prénom, choisir son destin - n° 7129

Doctor Barefoot
Le guerrier urbain - n° 7359

Deirdre Boyd
Les dépendances - n° 7196

Nathaniel Branden
Les six clés de la confiance en soi - n° 7091

Sue Breton
La dépression - n° 7223

Jack Canfield et Mark Victor Hansen
Bouillon de poulet pour l'âme - n° 7155
Bouillon de poulet pour l'âme 2 - n° 7241
Bouillon de poulet pour l'âme de la femme *(avec J.R. Hawthorne et M. Shimoff)* - n° 7251
Bouillon de poulet pour l'âme au travail - *(avec M. Rogerson, M. Rutte et T. Clauss)* - n° 7259

Kristine Carlson
Ne vous noyez pas dans un verre d'eau... à l'usage des femmes - n° 7487

Richard Carlson
Ne vous noyez pas dans un verre d'eau - n° 7183
Ne vous noyez pas dans un verre d'eau... en famille ! - n° 7219
Ne vous noyez pas dans un verre d'eau... en amour ! *(avec Kristine Carlson)* - n° 7243
Ne vous noyez pas dans un verre d'eau... au travail - n° 7264

Steven Carter et Julia Sokol
Ces hommes qui ont peur d'aimer - n° 7064

Chérie Carter-Scott
Dix règles pour réussir sa vie - n° 7211
Si l'amour est un jeu, en voici les règles - n° 6844

Loly Clerc
Je dépense, donc je suis ! - n° 7107

Guy Corneau
N'y a-t-il pas d'amour heureux ? - n° 7157
La guérison du cœur - n° 7244
Victime des autres, bourreau de soi-même - n° 7465

Lynne Crawford et Linda Taylor
La timidité - n° 7195

Dr Christophe Fauré

Vivre le deuil au jour le jour - n° 7151

Dr Christian Gay et Jean-Alain Génermont

Vivre avec des hauts et des bas - n° 7024

Daniel Goleman

L'intelligence émotionnelle - n° 7130
L'intelligence émotionnelle 2 - n° 7202

John Gray

Les hommes viennent de Mars, les femmes viennent de Vénus - n° 7133
Une nouvelle vie pour Mars et Vénus - n° 7224
Mars et Vénus, les chemins de l'harmonie - n° 7233
Mars et Vénus, 365 jours d'amour - n° 7240
Les enfants viennent du paradis - n° 7261
Mars et Vénus ensemble pour toujours - n° 7284
Mars et Vénus au travail - n° 6872
Mars et Vénus - Petits miracles au quotidien - n° 6930
Mars et Vénus se rencontrent - n° 7360

Marie Haddou

Savoir dire non - n° 7178
Avoir confiance en soi - n° 7245
Halte au surmenage - n° 7278

James Hillman

Le code caché de votre destin - n° 7256
La force du caractère - n° 6477

Evan Imber-Black

Le poids des secrets de famille - n° 7234

Sam Keen

Être un homme - n° 7109
Aimer et être aimé - n° 7262

Dr Barbara Killinger

Accros du boulot - n° 7116

Dr Gérard Leleu

De la peur à l'amour - n° 7026
Amour et calories - n° 7139
La fidélité et le couple - n° 7226
L'intimité et le couple - n° 7260
L'écologie de l'amour - n° 7275
L'art de bien dormir à deux - n° 7467

Jean-Claude Liaudet

Dolto expliquée aux parents - n° 7206
La psychanalyse sans complexes - n° 7270
Telle fille, quel père ? - n° 7466

Ursula Markham

Le deuil - n° 7230
Les traumatismes infantiles - n° 7231

Bernard Martino

Le bébé est une personne - n° 7094

Pia Mellody

Vaincre la dépendance - n° 7013

Yannick Noah

Secrets, etc. - n° 7150

Robin Norwood

Ces femmes qui aiment trop – 1 - n° 7020
Ces femmes qui aiment trop – 2 - n° 7095

Armelle Oger

Et si l'on changeait de vie - n° 7258

Dr Xavier Pommereau

Quand l'adolescent va mal - n° 7147

Dr Henri Rubinstein

La dépression masquée - n° 7214

Jacques Salomé

Papa, maman, écoutez-moi vraiment - n° 7112
Apprivoiser la tendresse - n° 7134

Elaine Sheehan

Anxiété, phobies et paniques - n° 7213

Barbara Sher et Barbara Smith

Vous êtes doué et vous ne le savez pas - n° 7141

Nita Tucker

Le grand amour pour la vie - n° 7099

Isabelle Yhuel

Mère et fille, l'amour réconcilié - n° 7161
Quand les femmes rompent - n° 7201

Santé

R. Aron-Brunetière

La beauté et les progrès de la médecine - n° 7006

Joanna Bawa

Santé et ordinateur : le guide quotidien - n° 7207

Dr Martine Boëdec

L'homéopathie au quotidien - n° 7021

Dr Jacques Boulet

Se soigner par l'homéopathie - n° 7165

Julia Buckroyd

Anorexie et boulimie - n° 7191

Dr Jean-Pierre Cahané et Claire de Narbonne

Nourritures essentielles - n° 7168

Chantal Clergeaud

Un ventre plat pour la vie - n° 7136

Bruno Comby

Libérez-vous du tabac ! - n° 7012

Dr Lionel Coudron

Stress, comment l'apprivoiser - n° 7027
Mieux vivre par le yoga - n° 7115

Dr David Élia

Comment rester jeune après 40 ans Version femmes - n° 7111
Le bonheur à 50 ans - n° 7184
50 ans au naturel - n° 6828

Pierre Fluchaire

Bien dormir pour mieux vivre - n° 7005
Plus jamais fatigué ! - n° 7015

Claire Fontaine

Vivre ! - n° 7218

Dr Pierrick Hordé

Allergies, le nouveau fléau ? - n° 7248

Arthur Janov

Le corps se souvient - n° 7257

Chris Jarmey

Le shiatsu - n° 7242

Dr Michel Lecendreux

Le sommeil - n° 7280

Dr Gérard Leleu

Le traité du plaisir - n° 7093

Claudie Lepage

Le nouvel âge d'or de la femme - n° 7274

Maurice Mességué

C'est la nature qui a raison - n° 7028

Dr Sylvain Mimoun

Des maux pour le dire - n° 7135

Peter Mole

L'acupuncture - n° 7189

Paule Neyrat

Les vertus des aliments - n° 7265

Lionelle Nugon-Baudon et Évelyne Lhoste

Maisons toxiques - n° 7229

Pierre et Florence Pallardy

La forme naturelle - n° 7007

Jean-Yves Pecollo
La sophrologie - n° 3314
La sophrologie au quotidien - n° 7101

Vicki Pitman
La phytothérapie - n° 7212

Jocelyne de Rotrou
La mémoire en pleine forme - n° 7087
La tête en pleine forme - n° 7199

Josette et Vincent Rousselet-Blanc
Les remèdes de grands-mères - n° 7272

Dr Hubert Sacksick
Les hormones - n° 7205

Jon Sandifer
L'acupression - n° 7204

Béatrice Sauvageot et Jean Métellus
Vive la dyslexie ! - n° 7073

Debbie Shapiro
L'intelligence du corps - n° 7208

Sidra Shaukat
La beauté au naturel - n° 7222

Rochelle Simmons
Le stress - n° 7190

André Van Lysebeth
J'apprends le yoga - n° 7197

Dr Andrew Weil
Huit semaines pour retrouver une bonne santé - n° 7193
Le corps médecin - n° 7210
Le guide essentiel de la diététique et de la santé - n° 7269

Diététique

Marie Binet et Roseline Jadfard
Trois assiettes et un bébé - n° 7113

Julie Bocage
Mince toute l'année - n° 7488

Dr Alain Bondil et Marion Kaplan
Votre alimentation - n° 7010
L'âge d'or de votre corps - n° 7108

André Burckel
Les bienfaits du régime crétois - n° 7247

Dr Jean-Michel Cohen
Savoir maigrir - n° 7266
Au bonheur de maigrir - n° 6893

Sonia Dubois
Maigrissons ensemble ! - n° 7120
Restons minces ensemble ! - n° 7187
À chacun son régime ! - n° 7512

Dr Pierre Dukan
Je ne sais pas maigrir - n° 7246

Suzi Grant
48 heures - n° 7559

Maggie Greenwood-Robinson
Le régime bikini - n° 7560

Annie Hubert
Pourquoi les Eskimos n'ont pas de cholestérol - n° 7125

Dr Catherine Kousmine
Sauvez votre corps ! - n° 7029

Linda Lazarides
Le régime anti-rétention d'eau - n° 6892

Marianne Leconte
Maigrir - Le nouveau bon sens - n° 7221

Colette Lefort
Maigrir à volonté - n° 7003

Michelle Joy Levine
Le choix de la minceur - n° 7267

Michel Montignac
Je mange donc je maigris... et je reste mince ! - n° 7030
Recettes et menus Montignac - n° 7079

Recettes et menus Montignac 2 - n° 7164
Comment maigrir en faisant des repas d'affaires - n° 7090
La méthode Montignac Spécial Femme - n° 7104
Mettez un turbo dans votre assiette - n° 7117
Je cuisine Montignac - n° 7121
Restez jeune en mangeant mieux - n° 7137
Boire du vin pour rester en bonne santé - n° 7188

Lionelle Nugon-Baudon

Toxic-bouffe - Le dico - n° 7216

Dr Philippe Peltriaux et Monique Cabré

Maigrir avec la méthode Peltriaux - n° 7156

Nathalie Simon

Mangez beau, mangez forme - n° 7126

Sexualité

Régine Dumay

Comment bien faire l'amour à une femme - n° 7227
Comment bien faire l'amour à un homme - n° 7239

Céline Gérent

Savoir vivre sa sexualité - n° 7014

John Gray

Mars et Vénus sous la couette - n° 7194

Shere Hite

Le nouveau rapport Hite - n° 7294

Dr Barbara Keesling

Comment faire l'amour toute la nuit - n° 7140
Le plaisir sexuel - n° 7170

Brigitte Lahaie

Les chemins du mieux-aimer - n° 7128

Dr Gérard Leleu

Le traité des caresses - n° 7004
Le traité du désir - n° 7176

Dagmar O'Connor

Comment faire l'amour à la même personne... pour le reste de votre vie - n° 7102

Jean Paccalin

Une pilule nommée désir - n° 7180

Isabelle Yhuel

Les femmes et leur plaisir - n° 7268

Vie familiale

Edwige Antier

J'aide mon enfant à se concentrer - n° 7232
L'enfant de l'Autre - n° 7250
Éloge des mères - n° 7283
Confidences de parents - n° 7293

Françoise Civeyrel

Consommez bien. Dépensez mieux - n° 7098

Brigitte-Fanny Cohen

Un bébé mais pas à tout prix - n° 6859

Dr Julien Cohen-Solal

Comprendre et soigner son enfant – I - n° 7096
Comprendre et soigner son enfant – II - n° 7097
Être heureux à l'école ? - n° 7173
Les deux premières années de la vie - n° 7203

Carolyn Pape Cowan et Philip A. Cowan

1+1 = 3 - n° 7065

Shakuntala Devi
Éveillez le génie qui est en votre enfant - n° 7277

Brigitte Hemmerlin
Maman Solo - n° 7100

Tracy Hogg
Les secrets d'une charmeuse de bébés - n° 6970

Harry Ifergan et Rica Etienne
6-12 ans, l'âge incertain - n° 6478
Mais qu'est-ce qu'il a dans la tête ? - n° 7271

Vicki Iovine
Grossesse, le guide des copines - n° 7176

Pr Philippe Jeammet
L'adolescence - n° 6971

Hélène de Leersnyder
Laissez-les faire des bêtises - n° 7106

Élisabeth Lesne
Papa, maman, on m'a traité de gros - n° 7511

Gerry Marino et Francine Fortier
La nouvelle famille - n° 7122

Bernard Martino
Le bébé est un combat - n° 7181

Heather Noah
S'épanouir en attendant bébé - n° 7252

Nancy Samalin
Savoir l'entendre, savoir l'aimer - n° 7062
Conflits parents-enfants - n° 7198

Philippe Scialom
Pièges à parents - n° 7595

Chantal de Truchis-Leneveu
L'éveil de votre enfant - n° 7146

Paul Wilson et Tania Wilson
Mère calme enfant calme - n° 7330

Cuisine

Flore Andreis-Caubet
La cuisine provençale d'aujourd'hui - n° 6832

Paul Bocuse
Bocuse dans votre cuisine - n° 7145

Jean-Pierre Coffe
Comme à la maison –1 - n° 7148
Comme à la maison –2 - n° 7177
Le marché - n° 7154
Au bonheur des fruits - n° 7163

Christine Ferber
Mes confitures *(édition augmentée)* - n° 6162
Mes tartes sucrées et salées - n° 7186
Mes aigres-doux, terrines et pâtés - n° 7237

Nadira Hefied
130 recettes traditionnelles du Maghreb - n° 7174

Peta Mathias
Fêtes gourmandes - n° 720

Christian Parra
Mon cochon de la tête aux pieds - n° 7238

Jean-Noël Rio
Je ne sais pas cuisiner - n° 7273

Marie Rouanet
Petit traité romanesque de cuisins - n° 7159

Denise Verhoye
Les recettes de Mamie - n° 7209

Harmonies

Karen Christensen
La maison écologique - n° 7152

Lama Surya Das
Éveillez votre spiritualité - n° 7281

Karen Kingston
L'harmonie de la maison par le Feng Shui - n° 7158

Philip Martin
La voie zen pour vaincre la dépression - n° 7263

Pratima Raichur et Marian Cohn
La beauté absolue - n° 6929

Jane Thurnell-Read
Les harmonies magnétiques - n° 7228

Jean Vernette et Claire Moncelon
Les nouvelles thérapies - n° 7220

Richard Webster
Le Feng Shui au quotidien - n° 7254

Christine Wildwood
L'aromathérapie - n° 7192

Paul Wilson
Le principe du calme - n° 7249
Le grand livre du calme – La méthode - n° 7249
Le grand livre du calme – Au travail - n° 7276

Nature et loisirs

Sonia Dubois
La couture - n° 7144

John Fisher
Comprendre et soigner son chien - n° 7160

Daniel Gelin
Le jardin facile - n° 7143

Louis Giordano
Aux jardiniers débutants : 500 conseils
et astuces - n° 7215

Marjorie Harris
Un jardin pour l'âme - n° 7149

Jean-Marie Pelt
Des fruits - n° 7169
Des légumes - n° 7217

Roger Tabor
Comprendre son chat - n° 7153

Bienêtre

7595

Achevé d'imprimer en France (Manchecourt)
par Maury-Eurolivres
le 25 février 2005.
Dépôt légal février 2005. ISBN 2-290-33779-X

Éditions J'ai lu
84, rue de Grenelle, 75007 Paris
Diffusion France et étranger : Flammarion